新・カウンセリングの話

平木典子

朝日新聞出版

目次

新・カウンセリングの話

平木典子

序章

1　カウンセリングとは

カウンセリングは、かなり広く知られるようになったが、他の分野に比べるとやや若い学問と実践である。このことばが現在の意味で使われるようになったのは、二〇世紀に入ってからのことである。

ただ、カウンセリングということば自体や類似の行為はかなり古くから存在していた。たとえば「ハレルヤ・コーラス」で有名なヘンデルの「メサイア」（初演は一七四二年）の中でイエス・キリストは〝ワンダフル、カウンセラー〟と呼ばれている。その歌詞は旧約聖書の詩句から抜粋されているので、はるか昔からカウンセラーということばが使われていた可能性がある。

イエス・キリストは、偉大な預言者であり、救い主であり、病や患いを癒《いや》す援助者であり、そしてよき相談相手であった。キリストの働きは、私たちが現代のカウンセラーに期待する役割・機能と重なるところがある。

日本でも、カウンセリングということばこそ使われなかったが、昔から地域社会には人生経験豊かで、知恵と洞察力に富んだ長老や高僧がいて、人々のさまざまな悩みごとを聞いたり相談に応じたりしていた。そのような働きは、今も昔も変わらず必要不可欠であり、人間の歴史の中で常に存在しただろう。

カウンセリングが心理的支援を意味することばと働きとして初めて使われ、現在のような、学問的な枠組みをもつ実践となるには、それなりの理由があった。産業革命以前、人々の生活圏は狭く、生活自体も複雑ではなかった。人々は小さなコミュニティを中心に一生を送り、その社会でいろいろな人がいろいろな役割を同時に果たしながら暮らしていた。相談という行為は、一つの独立した仕事ではなく、周囲から認められた人が本業のかたわらで、あるいは身近な人が日常的に果たしていた役割だったろう。ところが、人々の移動の距離も生活の範囲も広がり、役割や仕事が分化し始めた二〇世紀に入って、カウンセリングという働きも高度心理専門職の一つとして独立し、その教育・訓練・資格が確立するまでになった。

*

カウンセリング（counseling）は、カタカナで表記されているように、日本由来ではなく米国で開発された学問であり、実践である。カウンセリングをおこなう人はカウンセラー(counselor)、カウンセラーから支援を受ける人はクライエント(client)、あるいは来談者と呼ばれる。カウンセリングは、心理学を基礎とした専門分野であり、その目標は、心理面での問題や悩みをもつ人に対して専門的支援をすることである。

カウンセリングの基本は、カウンセラーと来談者が一対一で対話する関係にある。それは、社会的交流の関係であり、話したり聴いたりすることが主な手段となる。その内容は、簡単な忠告から、長期の心理療法までを含む行動の変容や適応の促進を支援することである。ただ、極端な挫折感などで、生きていくために必要な心理的エネルギーがほとんどないとか、精神状態が崩壊寸前といった人たちへの援助は含まない。カウンセリングは、悩みや問題はかなり深刻でも、自分の心理的なエネルギーを活用して、自己を理解したり、自分を立て直したりできる来談者に対して行われる、ことばを中心とした働きかけだと理解するとよい。対話を中心としたこの支援は、百年を超える実践と研究の歴史を経て、今や専門職が行う心理学的支援法として確立している。

さらに、ポストモダン(近代を超える)といわれる二一世紀に入って、カウンセリングも他の学問分野と刺激し合いながら、近代を超える新たな働きを始めている。カウンセリングの基本となる目的は苦悩と問題をもつ人の支援であることに変わりはないが、その方法が変わったと言ってもいい。

カウンセリングの本来の働きは、「カウンセリングのプロセスに潜《ひそ》む、より深い意味の発見」にあることは、変わりない。そして、カウンセラーとは、対話の中でそのプロセスをつくっていく専門家である。そして、その深い意味の発見とは、以下に述べる三つの生き方ができるようになることである。

その一つは、「自分とつき合えるようになること」である。

カウンセリングには、自分が問題解決に向き合ったことによって、自分がどんなときに、どんなことを感じ、どんなことを考え、どんな反応をするかといった、いわば自分のありのままの姿がよく見えるようになるプロセスがある。そして、それ以外の何者でもない自分を理解し、受け入れてくれるカウンセラーがいることで、問題だったことが問題でなくなったり、問題解決のエネルギーが自分の中から出てきたりして、自分の変化が始まる。そのような体験をした後は、自分としっかりつき合えば、多くの問題は解決し、また、支援が必要なときにそれを見きわめ、求めることができるようになるのである。

二つ目のカウンセリングの働きは、「人の違いを受け入れられるようになること」である。

人間はヒトとして共通点を多くもっているが、同時に誰一人として同じではない。生物学のことばを借りると、ゲノムは同じだがＤＮＡはみな異なる。しかし、人は、他者との共通点を探したがり、違いを嫌う傾向がある。

人は、交流の中で自分と相手が同じでないことに気づくと、およそ二とおりの反応をする。

一つは、違いを脅威と感じて恐れ、異物として排除し、雑音として無視することである。「異なっていること」は、自分か相手が「間違っていること」と受け取り、その結果、相手を避け、排除したくなる。いじめやハラスメントの背景にはこの傾向があるかもしれない。また、違っているものはわかりにくいので、雑音と同様、うるさいもの、取るに足りないものになりやすい。いずれにしても、違いが脅威や雑音になったとき、それは理解されず、無視・排除されやすくなる。

違いに対するもう一つの反応は、自分と異なったもの、自分にないもの、経験したことがないことを知りたいと思うことである。違いを新鮮さ、珍しさとして未知のものに対する好奇心、探究心が刺激されると、それに近づき、理解しようとする動きが出る。その結果、世界は広がり、人とつき合うことが楽しみになる。カウンセリングには、「違い」を「間違い」や脅威とせず受け入れ、他者とつき合えるようになる働きがある。

三つ目のカウンセリングの深い働きは、「ヒューマン・エラー」を認め、赦《ゆる》せるようになることと」である。二一世紀の人間は、「人間が不完全であること」をあらためて自覚するようになった。科学の進歩と学問の発展は、人間に、いつかは完全に真理がわかる世界、完璧が成就する世界が来ることを期待させた。しかし、医療ミス、交通事故、原発事故、終わりのない戦争、新型コロナウイルスなどは、人間が限りないミスの世界に生きていることを証明し続けてきた。神ならぬ人間は、不完全であるゆえにミスをし、ヒューマン・エラーから逃れることはない。

この「人間である権利」ともいえる事実を、私たちは受けとめ、それを覚悟し、注意深く生活するしかない。

人間であるゆえのミスは、人間関係で起こることが多く、そこから悩み、問題が生じる。さらに、人間関係で生じるヒューマン・エラーには完璧な償《つぐな》いをしたり責任をとったりすることが難しい。それゆえにこそ、人はできるかぎりの償いをしたいと願い、さまざまな努力をする。カウンセリングは、その努力を労《いたわ》り、ねぎらい、受けとめることができるような人間関係の大切さを教えてくれる。人は不完全であり、だからこそ互いを赦し合う道が必要なのだろう。

＊

本書は、このような三つの生き方の発見を含めて、カウンセリングという心理的支援の基礎をわかりやすく伝えることを意図して書かれている。カウンセリングを学びたい、カウンセラーになりたいと考えている人々がカウンセリングの全貌をつかみ、学びの道案内になると同時に、カウンセリングという支援関係の中で追究されてきた心理的支援の意味とその相互作用の重要性について、理解されることを願っている。本書を読み終えたとき、より深い自己理解と自己受容に達していることを期待している。

2　本書を読まれる読者にひと言

これまで筆者は、よく「どうしてカウンセラーになったのですか」と聞かれてきた。筆者の応答はさまざまであったが、その内容は主に「なぜカウンセラーになったのか」「どのようにしてカウンセラーになったのか」、そして「どのようなカウンセリングをしているのか」について語っていたように思う。換言すれば、「カウンセリングとどうつき合ってきたか」という筆者の個人的な話から、「カウンセリングとは何か」を理解してもらっていたように思う。

一人のカウンセラーのカウンセリングとのつき合いを語ることは、カウンセリングを伝えることにならないと、反論されるかもしれない。一方、こんな個人的な体験をしている人が述べる「カウンセリングの話」だということを前提に本書を読まれると、より客観的にカウンセリングが理解されるかもしれない。以下に述べるのは少し長いひと言だが、今読むか、後で読むか、選択していただければと思う。

(1) カウンセリングとの出会い

カウンセリングということばを私（この節では筆者を私と呼ぶ）が初めて知ったのは、一九六〇年代の初め、大学を卒業して母校の学生部の仕事をしていたときである。『学生助育総論』(1953) という冊子の中に、それまで聞いたことがないカウンセリングということばが出てきた。その冊子は、第二次世界大戦後、数回にわたって来日した、心理学者からなる米国教育審議会委員会の活動報告書であり、米国における進学適性検査などを活用した大学生の職業教育プログラムの重要性とそれを行うカウンセラーの仕事を紹介するものであった。そこには、米国の大学における正課外の学生の支援として行われている進路指導と、その一端を担っているカウンセラーの活動が紹介されていた。

自分の適性も知らず、英語が得意だという理由と経済的な自立に役立つ専攻だという見通しだけで英文学科に入学し、母校の学生部に就職した自分には、衝撃的な教育観であった。その仕事が、米国の大学では学生支援の部署にあることに大きな関心をもったのが、カウンセリングを学ぼうと思った動機だった。

(2) カウンセリングを学ぶ

ところが、当時、日本にはカウンセリングということばはほとんど知られておらず、学べる大学もなかった。一九六二年、英語が活用できることも幸いして、私は教育審議会委員会の委員長であったキャリア・カウンセリングのリーダーのいる米国ミネソタ大学大学院への留学を決めた。

ウィリアムソン教授を中心としたカウンセリングの教育理念は、次の三要素をつなぐ支援であった。

一　天職の実現の支援

教育、カウンセリングは、人の生涯の生き方の探索の支援、自己実現の支援という大きな傘の下で行われるものである。

二　心理的能力の開発

自己実現の支援の中核となるのは、心理的能力の開発、つまり「個人の潜在能力の開発、促進」である。人は誰もが未開発、未発達の部分をもっており、それを個人のニーズに応じて開発する支援が必要である。それは、カウンセリングであり、大学では、「学生という人的資源にかかわる働き（student personnel work）」という。

三　心理的癒し

カウンセリングの重要な働きには、「心理的外傷体験」の癒しがある。教育機関においても、心理的治癒を必要とする生徒や学生の早期発見と対応は必須である。それは生涯を展望したキャリア支援の一貫である。

大学院におけるカウンセリングの理論・技法の学習、演習、実習はこの三つの理念を実践の中で活かすことに向けて行われていた。大学院でのこの体験は、私の人生観、カウンセリング観の土台となった。

（3）カウンセリングを実践する

一九六四年に帰国した後、間もなく立教大学の専任カウンセラーとして学生カウンセリングの仕事に就くことになった。そこでの二十四年間の実践は、ひと言で表現すると、日本で前例のない初心のカウンセラーの試行錯誤による専門職としての成長の時間だった。

指導教授は米国で、日本には不在という環境の中で、専門職としての成長と実践力の発達に影響を与え、支えとなったのは三種類の訓練である。これらについては、第4章で詳しく述べるので、ここでは、個人的な体験のみ述べておく。

①「Tグループ（トレーニング・グループの意）」と呼ばれる人間関係訓練

二人のトレーナーと一〇人前後のグループで行う五日〜二週間の合宿訓練である。未知のメンバーが決まった時間と場所に集まり、テーマを決めずに自由な話し合いをすることで、個人としてもグループとしても成長できる人間関係をつくる訓練である。この体験は、カウンセリングにおける多様なクライエントとの出会い、かかわり、支援の模擬訓練となり、また、トレーナーのかかわりは、メンバーの自由な自己表現を促進し、その人らしさを理解し、受容していくというカウンセラーのあり方のモデルでもあった。

② 精神科医とのケースカンファレンス

大学の学生相談所で精神科の嘱託医とカウンセラーが並行して面接している統合失調症やうつ病、対人不安症・対人恐怖症などの学生のケースについてのカンファレンスである。その機会は、特定のクライエントの問題の共有と理解、精神疾患やクライエントが抱えている問題への介入について具体的に考え、学ぶ貴重な機会であった。初心者の実践に対する個別の訓練（専門用語ではスーパーヴィジョンという）を受けていることにもなっていた。

③ 家族療法との出会い

学生カウンセリングでもっとも挑戦を受けたテーマは、青年期の学生の、家族から自立することに伴う苦悩と人間関係の難しさの支援であった。一九七九年、一年間の研究休暇中に米国で受けた家族療法の訓練は、私の心理的支援の視点と人間関係理解に大きな転換をもたらした。さらに、一つのカウンセリングの理論・技法を知っていればそれで実践が成り立つのではなく、理論・技法の統合の視点からの実践が必要であることを知ることになった。第3章を参照してほしい。

(4) カウンセラーを養成・訓練する

一九九〇年、日本女子大学心理学科と大学院の創設のために、心理支援の実践から臨床心理士の養成・訓練をする立場でカウンセリングにかかわることになった。その主な試みは二点ある。

一点目は、大学院の二年間のカウンセラー教育・訓練では心理療法の多様なアプローチを統合的な視点から教育・訓練し、活用範囲の広いカウンセリングの基本的技法を学生が習得できるようにすること。

二点目は、家族療法を中心とした実践と研究のための研究所を創設し、研究日を中心に自分自身の家族療法の実践と家族療法専門家の卒後訓練を開始し、教育・研究に実践の場を確保したこと。

(5) キャリア・カウンセリングへの回帰

大学を定年退職し、主たる活動の場が研究所に移って、心理支援のテーマは、家族と仕事をめぐるキャリアの問題になった。これは一人ひとりが自分らしく自分の生涯をどう生きるかという問題であり、第3章を参照してほしい。

＊

本書は、こんなカウンセリングとのつき合いをしてきたカウンセラーの『新・カウンセリングの話』である。

3　本書の成り立ち

本書は、一九八九年と二〇〇四年に『カウンセリングの話』というタイトルで出版された朝日選書（375・744）の言わば三回目の改訂版にあたる。最初の出版から三十年、前著の出版から十六年の歳月が過ぎ、二一世紀に入って、人々の世界観が大きく変わった。それに伴い、カウンセリングも大きな転換期を迎え、また筆者のカウンセリング観も変化してきた。本書では、そのような新たな動きと変化を伝えることを心がけた。

カウンセリングについてわかりやすく伝える試みをする目的に変化はないが、人々の関心は専門職としてのカウンセリングに対する関心になってきた。

そこで、本書では、カウンセリングの世界の転換を含めて、心理支援職の新たな展開と変化に鑑み、書名を『新・カウンセリングの話』とすることとした。

第1章では、カウンセリングはどのような人間観に基づいて行われる支援なのかについて明確にするために、新しい考え方を含めていくつかの人間観について述べた。支援という行為には人間観が密接にかかわっているのを理解することで、カウンセリングという支援の前提を理解することができるだろう。

第2章では、ことばのやり取りにかかわる心理学の理論を紹介した。対話で成り立つカウンセリングではことばが大きな働きをする。その働きを知っておくと、カウンセリングの理論がわかりやすくなるだろう。

第3章では、代表的なカウンセリングの理論・技法を紹介した。カウンセリングの理論には、人間の理解と変化・成長にかかわる多様な見方があり、その理論・技法を知ると、カウンセリングの働きが具体的にイメージされるだろう。また、自己理解や人間の出合う問題の理解にも役立つだろう。

第4章と第5章は、カウンセリングをカウンセラーの訓練の視点から、簡単に紹介した。心理専門職になるための訓練と資格、具体的な業務を知ることで、専門職としてのカウンセラーの働きの意味が理解できるだろう。

*

最後になったが、本書の三十年を超える歴史の中で、表紙のデザインを含めて、朝日新聞出版書籍編集部の諸氏には、長期にわたってご支援いただいてきた。あらためてお礼を申し上げる。朝日選書元編集部の山田豊氏は、前書『カウンセリングの話』の編集と改訂を含めて、三十年にわたってご担当くださった。啓発される数々のご支援に心から感謝したい。また、本書『新・カウンセリングの話』の編集では、松岡知子氏が担当してくださった。新たな内容と書名の変更を始め、本書の再出発には私の知らないご尽力も含めて、支えていただいた。このタイミングで本書を読者に届けることができること、ありがとうございます。

二〇二〇年六月

世界が新型コロナウイルスの脅威に揺れる日々の中で　　著者

第1章　カウンセリングの基礎となる人間観

人間観とは、人間をどのような存在として受けとめるのかということで、人間を支援するカウンセリングという行為の基本となるテーマである。

カウンセリングの主たる目標は、人生で出合う悩みや問題の解決に取り組むという機会をきっかけにして、その人の成長や自立の促進を支援することである。その支援の方向は、おそらく支援者がどのような人間観をもっているかによって異なってくるだろう。人間観とは、人間らしさをどのようにとらえるか、つまり、人間は先天的によりよく生きようとする存在なのかどうか、あるいは人間の本性を善とするか悪とするか、といった問いに対する各自の考え方である。

カウンセリングを実践するカウンセラーたちは、どんな人間観に基づいて支援を行うのだろうか。この章では、カウンセリングの諸理論を紹介する前に、カウンセラーたちが実践を試みながら、自らも問い、世界的規模でも議論されてきた心理支援の人間観について検討する。

1　人間信頼論

人間観としてわかりやすいものに、北米の経営心理学者マグレガー〔McGregor, D. 1906〜1964〕のX理論とY理論がある。彼は、労働場面でよくみられる二つの人間観に注目し、一九六〇年にその著書『企業の人間的側面』（邦訳1970）で発表した。労働の生産性には人間的側面が深くかかわっていて、その人間観が経営にも影響を与えるというものである。

X理論は、伝統的な経営の根底にあるとされる「人間なまけ者論」に立つ考え方で、人間は本来、労働が嫌いで、責任をとりたがらず、できるだけ楽をしようとする自己中心的な存在ととらえる。

この理論によれば、労働者はそもそも働くことを避け、なまけたいので、飴《あめ》と鞭《むち》で機嫌をとり、強制的に命令し指示しなければならないことになる。この人間観に立つと、教育や訓練の場でも職場でも、監督者は人を見張り、きちんと指示をし、進度をチェックする必要があることになる。この立場にいる人は、無意識のうちに相手がなまけないような布石《ふせき》を打ち、自分も他人から指導され命令されることを望み、厳格に統制され、強制されないと動かないことになる。いずれにしても、X理論を基にした人間観をもつ人は、人への対応が監視的・命令的になる傾向をもつだろう。

Y理論は、逆に「人間信頼論」で、その人間観は、人間は先天的に課題を解決したり、アイデアを練ったりして働くことが好きであり、遊びと同じように労働もごく自然のものだと考える。

この考え方に立つと、人間は責任をもって自発的に仕事をしたいと望んでおり、遊ぶときと同じくらいに仕事の中でも創意工夫をしたいと考えることになる。つまり、人間は周囲から邪魔が入らないかぎり、成長しようと自然の力を発揮するように、労働の場でも同様の労働力を発揮すると考える。言いかえれば、仕事は遊びの延長であり、遊びに熱中できるならば仕事も一生懸命したくなるものだと考えるのである。

私たちは、遊びと勉強は別のものと考えがちで、遊びは楽しく勉強は苦しいと思い込んだりする。だが、Y理論によれば、それは間違っていることになる。人間にはそもそも、成長したり創造したり働いたりする意欲が備わっており、その意欲が自然に発揮できるような状況に人々が身を置けることが大切だと考えるのである。

X理論・Y理論は、日本でも知られている性悪説と性善説に通じる人間観である。マグレガーは「人間信頼論」の経営を強調していたが、このような考え方のどちらの立場をとるかによって、人間への接し方が変わることは想像に難くない。カウンセラーの人間観がX理論に近いものであるとしたら、人間不信を前提として相手に接することになるので、おそらくカウンセリングも指示や厳しい指導を伴ったものになる可能性がある。一方、カウンセラーがY理論に基づいてカウンセリングを行うとしたら、クライエントが生まれつきもっている成長力を信頼し、その力を発揮できるように環境を整えたり、能力を引き出したりするような支援をするだろう。

＊

序章でも述べたように、カウンセリングということばが今日のような意味で使われ始めたのは二〇世紀の初めであるが、カウンセリングが現在の人間観と理念にたどり着くまでは、バックグラウンドになった米国社会のいくつかの動きとそこに潜む人間観がある。次に、カウンセリングに影響を与えた心理支援の動きとその人間観に注目してみることにしよう。

2　職業指導運動と教育測定運動の人間観

職業指導（vocational guidance）とそれを支えてきた教育測定の運動に見る人間観の変化を取り上げる。

（1）職業指導運動の三つのプロセス

これらの運動は、まず、〝職業指導の父〟といわれているパーソンズ〔Parsons, F. 1854〜1908〕によって始められた。彼は、ボストン市に職業指導局を設立し、初めてカウンセリングということばを使って、現代のカウンセリングに近い専門的支援を開始し、その遺書『職業の選択』(*Choosing a Vocation*)の中で職業指導のプロセスを紹介している。

彼の著書のタイトルにある vocation は日本では「職業」と訳されるが、語源のラテン語には「天から与えられた使命」「使命感をもって行う任務」という意味がある。英語圏では「天職」とか「使命」としての職業を意味し、「その人が自己を全《まっと》うして生きるためにいちばんふさわしい仕事と任務」と理解されている。パーソンズが考えた職業指導とは、人々の vocation の選択のための適切な支援であり、それは彼の人間観を反映した職業のとらえ方と受け取ることができる。

当時、パーソンズは日本のハローワークのようなところで職業紹介を行っていたが、求人という偶然のチャンスを利用して大人の経験と勘を頼りに仕事を紹介するというやり方に疑問をもっていた。特に若者の就職支援をそのやり方で進めることは、若者のもてる才能が十分活用されず、本人にとっても雇用者にとっても、さらに、国の未来にとっても問題だと考えたのである。

ちなみに、英語には職業を意味することばがほかにも数多くあり、profession は専門職、専業の仕事は occupation、雇われている定職は employment、労働という意味の work、作業とか手仕事を意味するjob、などが使われている。vocationは、その中でも、自分のもてる能力の中で優れて自分らしさを発揮でき、使命感をもって行う仕事という特別な意味とニュアンスがあることに注目しておきたい。

パーソンズは個人が自己を発揮してvocationに生きるためには、それまでのやり方では不十分であり、科学的方法に基づいた選択と指導のプロセスが必要だと考えた。そのプロセスとは、①職業の分析、②個人の分析、そして③カウンセリングである。彼は、職業指導の方法として、適材適所の考え方を取り入れ、「丸い釘は丸い穴に」というスローガンのもと、職業指導に三つのプロセスを導入した。

第一の職業の分析とは、ある職業にはどのような能力や適性が必要かを明確にすることである。丸い「釘」を打つ前に、その「穴」は丸いか、四角かを確認する必要があるというわけである。たとえば、パイロットは視力がよく、機敏でなければならないなど、一つの職業には必要にして十分な条件があり、その情報を準備しようとしたのである。第二は「釘」すなわち個人は丸いのか、四角なのかを調べることである。つまり、仕事に就こうとしている人物がどのような能力、適性、どのような優れた資質や技能をもっているかを明確に把握することである。そして、釘が丸いこと（個人の特徴）がわかったら、丸い穴（職業）を探すことになる。それは職業の分析と個人の分析を結び付ける作業であり、この第三の統合の作業をカウンセリングと呼び、職業指導の中心としたのであった。

当初、職業指導は、公的機関で行われていたが、しだいに小学生から大学生までの子どもたちの進路指導の中でも重要な支援として認められるようになり、教育界へと広がっていった。一九四〇年代には、「職業カウンセリング（vocational counseling）」とも呼ばれ、職業指導（vocational guidance）とカウンセリングは教育の重要な要素になっていく。加えて、第二次世界大戦後、カウンセリングは若者だけでなく障がい（碍）者、退役軍人や再就職や転職を希望する人々などからも求められるようになり、それらの多様なニーズに応えるために、教育界と産業界での必要かつ重要な心理支援として、独自の発展を遂げていく。その発展に大きな貢献をしたのが、教育測定運動である。

（2）教育測定運動

私たちは、個人の特徴や能力を知ろうとするとき、他者と比べてみようとする。他者は自己評価の身近な物差しになる。ところが、自分らしさを知るには、もう一つの物差しが必要である。それは自分の中にある能力や適性を比較し、確認するための物差しである。言いかえれば、自分の中にある他者と比べられない独自の精神性とも呼べるもので、使命感や人間観などが含まれている。vocation の選択には、他者と自己の能力や適性を比較することと、自己内の特性や志向性を知ることが必要である。

そのような能力や特性を比較し測定する方法を「教育測定（educational measurement）」というが、その方法は心理テストの発達によって大きく前進した。一九一四年、ソーンダイク〔Thorndike, E. L. 1874～1949〕は次のように述べて、教育測定運動を先導した。彼は、「すべて存在するものは量的に存在する。量的に存在するものはそれを測定することができる」として、さまざまな心理テストを開発し、知能や特性を測定する試みを始めた。この教育測定の運動は、第一次世界大戦の影響を受けて急速に発展した。

幸か不幸か、心理学という分野は戦争によって発展することが多い。国の命運を賭《か》けて国同士が戦うには人間を有効に使わなければならない。そこで人間の研究が盛んになり、人間をもっとも有効に活用するために、人間を測定する技術も発達するのである。たとえば、知能をなるべく正確に測定し、その知能をもっている人物は海軍に向いているか陸軍に向いているか、あるいは戦闘機のパイロットがよいかなど、適切に活用する方向を決めていくのである。

戦時には、人間を測定する方法や手段を開発するために、心理学者が総動員される。たとえば、スパイの適格者を選ぶといった場合には、かなり多くの心理測定の材料が使われる。そのために、さまざまな知能テストや性格テスト、または技能を測るテストが開発されていった。米国では、一九三〇年代以降、戦争中に開発されたテストの考え方や技術は心理学者たちによって大学や民間の機関で活用され、生徒や学生の能力やパーソナリティの測定などが可能になっていった。こうして教育測定運動は、第一次世界大戦から第二次世界大戦にかけて最盛期を迎える。

テストを活用して個々の人間の特徴を理解する教育測定は、職業指導の第二のプロセスである個人の分析に多大な貢献をした。職業指導運動の初期には、どちらかといえば職業分析のほうに力が注がれ、個人の分析の方法が弱かったが、多様な心理テストの開発により職業指導が一段と充実し、この運動を促進させることになった。

(3) 心理テストの活用とは

ただし、人間の精神面を測定することには限界がある。いくら精巧な知能テストでも、いくら工夫をこらした性格テストでも、一人の人間のもっている目に見えない能力を一〇〇パーセント測定することは不可能である。また同じテストをしても、時間を置いて再度実施した場合にまったく同じ結果が出るとは限らない。それほど精神面(心)の測定は難しいといえる。

ところが、いったん教育測定の方法が確立し、テストが活用され始めると、テストの結果が絶対的な意味をもつことになりがちである。たとえば、ある生徒が、たまたま風邪をひいていて頭が痛いときに受けた知能テストのＩＱが九〇だったとしよう。本人は調子が悪いときにテストを受けたことを知っていても、それを教師に伝えなければ、教師はその生徒に知能の低い子どもというレッテルを貼ってしまうかもしれない。また、多くの高校生は学力テストの偏差値を基にして大学や学部の選択をするが、偏差値というのは、学力テストの結果を他人と比べ、過去の同じようなテストの結果とも比較して、どの大学に入れるかの可能性を予測しようとするだけのものである。

知能テストにしても学力テストの偏差値にしても、本来はおそらく生徒一人ひとりの自己理解を援《たす》け、進路選択に有効に利用しようとするものであった。ところが、数字で明確にされた結果は、絶対化されやすく、神聖視される傾向がある。「自分は偏差値が○○だから、△△大学に入れるはずだ」と思い込んで、何年も浪人をくり返す生徒がいたりするのも、その例である。

＊

つまり、テストは自己理解や進路選択に非常に有効な手がかりであり、それなしに自分の適性、能力や学習の進度などはわからないと言ってもよいが、いったんそれが固定化し、人間にレッテルを貼るような方向で使われ始めると、人間の可能性を探るどころか、人間をある枠に閉じ込め、規定してしまう手段になりかねない。特に、性格テストの結果、「異常」というレッテルを貼られるようなことになったり、偏差値の例のように絶対化されたりすると、テストはかえって有害になる。

そのような限界を防ぐために職業指導の分野では、個人の分析にあたっては、能力検査だけでなく職業選択に密接にかかわる職業興味テストや個人の価値観の質問紙（Study of Values）などが加わり、さらにロールシャッハ・テストやＴＡＴ（Thematic Apperception Test）など、数値が絶対化されにくく、微妙な精神的特性を調べる方法も開発されていった。

教育測定や心理検査は、人間の可能性を閉じ込める材料にも、開放する材料にも使われうる。カウンセリングにおいては、カウンセラーがどんな心理検査を選びそれぞれのテストの結果をどのように解釈するか、そして、実施したテスト・バッテリー（心理検査の組み合わせ）をどのように活用するかが重要なポイントになった。米国のスクール・カウンセラーの訓練には、かならず心理検査の訓練が含まれている。教育測定運動の成果はカウンセリングを科学的な実践として精緻化すると同時に、その根本理念や人間観をあらためて問うことにも貢献していった。

ちなみに、一九七〇年代以降、職業を「生涯の生き方」というニュアンスでとらえる傾向が強まって、カウンセリングという支援は職業指導の一環というよりは生き方（career）の支援という意味になり、キャリア・カウンセリング（career counseling）と呼ばれている。

現在、米国の教育界と産業界では、キャリア・カウンセリングの視点からのカウンセリングが非常に重視されており、序章で紹介したカウンセリングの定義の変遷や学会の活動にも大きな変革をもたらしている。

職業指導から始まってキャリア・カウンセリングに至る支援の展開には、職業を含めた個人の生涯を自己の可能性の最大の実現としてとらえる人間観が貫かれている。そして、この考え方のもとでカウンセリングを実施することは、人間の可能性とは何か、その最大の発揮の支援とは何かという問いに答えていくことになる。

3　精神衛生運動の人間観

カウンセリングの発展に貢献した三番目の動きは、「精神衛生（mental hygiene）運動」と呼ばれるものである。これは、一九〇八年、ビアーズ〔Beers, C. W. 1876~1943〕が、『わが魂にあうまで』（*A Mind That Found Itself*／邦訳 1980）という本を書き、「全国精神衛生協会」をつくったときに始まったとされる。

ビアーズは、うつ病で四度の入院をくり返した経験から、うつ病の人が内的世界でどのようなことを体験しているかを自ら知ることができた。それまで精神科医は、うつ病患者の話を他者の体験としてしか聞くことができず、患者の待遇はひどいものだったという。精神の病の世界は外面的行動によって判断されやすく、患者が「異常」扱いをされることが多い。言動が常識から見て普通でなかったり理解できなかったりすると、「異常」というレッテルを貼られ、監禁されたりしていた。

ところが、ビアーズは、自身がうつ病になったことにより、うつ病患者の内的世界を体験できた。しかも精神科病院がそのような内的世界をまったく理解せずに、ひどい待遇をしていることに気づき、精神科病院の患者たちの待遇改善運動を始めた。檻《おり》の中に閉じ込められていた「精神病者」といわれる人たちに対して、精神衛生という観点から理解を深め、病気に対する考え方を変え、精神的不健康の予防、精神的健康維持のための運動を始めたのである。ちなみに、当時、使われていた「精神衛生」ということばは、現在では「精神保健」と呼ばれるようになっている。

彼は、うつ病患者がどれだけ内的世界の中で――それは主観的な世界なのだが――苦しみ、つらい思いをしているかを公にし、その人たちの内的世界を理解したうえで、治療や対応がなされなければならないと主張し、同時に、精神的不健康の予防という観点にまで思いを馳《は》せていった。つまり、精神的健康を維持するための予防と、精神的不健康に陥った人々の内的世界を理解したうえで、両面からの支援の必要性を説いたのである。

ここにきて初めて、心理療法が「精神障害者」の内的世界を援助する方向で考えられるようになったといえる。人を外側から理解しようとするだけではなく、理解困難で「異常」と見える言動でも内側から理解しようとすれば了解が可能だと明確になったことで、人間理解が格段に進んだといえるだろう。精神保健（衛生）運動は、その後のカウンセリングに大きな影響をおよぼしていった。これまで述べてきた二つの運動の人間観に加えて、この第三の運動の人間観によって、カウンセリングという心理的支援はよりトータルな視点からの人間観に前進したといえる。

初期の職業指導運動と教育測定運動の中で活用されていた方法では、指導の対象となる人間の支援は科学的理解によるものであった。すなわち、患者とかクライエント、あるいは来談者――生徒なども含め、職業を選ぶにあたって指導を必要としている人――を客観的に評価し、それを基にした指導という観点から発達してきた理論と方法である。カウンセリングは、専門的な教育を受けた人間が、科学的に人間を診断して問題の原因を追究し、将来の予測を立てて助言・指導するというニュアンスが強かった。

もし今、カウンセリングとは、カウンセラーが人の問題や症状の原因とか深刻さを判断し、それに対して適切な処置を行うことと受け取られているならば、それはこうした二〇世紀前半のカウンセリングのことである。それはカウンセラー主導型であって、ちょうど医者が病気の人を診断するように多くのテストを実施し、生育史、既往症《きおうしょう》、あるいは家族関係などを調べて診断の材料を集め、専門家としての判断により指導するという色が濃く出ていた。さらに、専門性が強調されるにつれて、カウンセラーはなんでもわかっており、クライエントにどう生きたらいいかということを教えてくれる人というニュアンスが強くなっていった。

そのような傾向に新たな観点を加えたのが精神保健（衛生）運動だった。専門家であってもクライエント本人の協力や意志なしには、真に人を理解することはできないこと、そして、真の人間理解なしには、援助も指導も適切なものになりえないことが明らかになっていったのである。

＊

以上三つの運動は、人間理解の重要性とその基礎となる人間観の重さを示している。カウンセリングは、一人の人間の生き方にかかわるがゆえに、カウンセラーとは、自身の人間観と、その表現としての支援と専門性が問われる職業なのである。

4　人間性心理学の人間観

これまで述べてきた動きにさらなる影響を与えたのが、米国における人間性心理学（humanistic psychology）の展開である。この心理学は人間の主体性・創造性・自己実現といった肯定的側面を人間の本来の姿として強調したマズロー〔Maslow, A. H. 1908〜1970〕を旗手として展開された一九六〇年代の心理学の潮流である。

（1）マズローの人間観

マズローは、人間性を非常に重視した心理学者であり、「人間は生まれながらにして、より成長しよう、自分のもてるものを最高に発揮しようという自己実現の動機づけをもつ」という考え方に立って研究を始め、その理論に基づいた心理学をうち立てた。この「動機づけの理論」は、先に述べたマグレガーをはじめ多くの心理学者の人間観に大きな影響を与えたとされている。

マズローによれば、心理学には二種類の心理学があり、その一つは「D心理学」と呼ばれるべきものだという。D心理学のDはdeficiencyの頭文字で、「欠乏」とか「欠損」という意味である。彼は、「従来の心理学は、人間の足りないところや欠けたところの研究を中心に発展しており、人間に何が不足するとどんな障がいが起きるかが主な関心事であった」と述べる。その典型的なものの一つが精神分析であって、精神分析は、幼児期に何かが欠けると大人の精神に悪影響が残るという観点からのみ人間を研究してきたという。マズローは、そうした人間の欠けた部分、異常な動きや病理を研究することも確かに大切だが、それでは人間を半分しか研究したにすぎないと説き、「B心理学」を提唱したのである。

B心理学のBはbeingの頭文字で、「人間存在」という意味である。彼は、心理学の研究課題としてD心理学の領域よりも重要なのは、人間がより成長しようとする側面であり、人間存在そのものをもっと積極的で、可能性に満ちたものととらえるべきだと強調した。そして、心理学を完成させるためにはB心理学の研究が緊急の課題であるとし、そちらの研究にエネルギーを注ぎ、「自己実現」ということを強調して、その観点から理論をうち立てた。

自己実現とは、「自分の中に潜む可能性を十分に発揮して生きよう」とか、「自分を最高限度まで実現しよう」とすることである。「天賦《てんぷ》のものを全うする」とか「与えられた賜物《たまもの》を十分に生かす」という意味をもつ。人間の本性は、それぞれがもてる能力や志向性を最高に発揮して生きることにあると受けとめ、人間の「自己実現の欲求」の研究を基盤にした心理学を確立したのである。

「自己実現の欲求」とは、自分に欠けていたり不足しているところを補おうとする欲求ではなく、自分に与えられたものを十分に生かして生きようとする欲求であり、人と比較したり、自分の欠点を苦にしたりするのではなく、主体性をもって自分のありのままの姿を理解し、受け入れ、それをよしとして、その生き方を貫こうとする欲求である。

*

人間性心理学の流れを受け継ぎ発展させた心理学者には、カウンセリングの父とも呼ばれるロジャーズ〔Rogers, C. R. 1902～1987〕をはじめ、ゲシュタルト療法の創唱者パールズ〔Perls, F. S. 1893～1970〕、その後の心理支援に大きな影響を与え続けている臨床心理学者で実存主義心理学の開拓者ロロ・メイ〔May, Rollo 1909～1994〕、精神科医で個人心理学（アドラー心理学）の創始者アルフレッド・アドラー〔Adler, A. 1870～1937〕などがいる。

ロジャーズは、カウンセリングや心理療法では、理論や技法よりも来談者に対するカウンセラーの姿勢と態度が重要であることを正面から取り上げ、人間の健康的な側面を活用した支援を強調した。彼のカウンセリングの理論は第3章で述べるが、ここでは人間観について紹介しておきたい。

（2）ロジャーズの人間観

ロジャーズは一九四二年の著書『カウンセリングと心理療法』（*Counseling and Psychotherapy*）ですでに来談者のことを患者と呼ばずクライエントと呼んでいたが、一九五一年、『クライアント中心療法』（*Client-Centered Therapy*）という本を書いて「来談者中心」という理論を展開した。そこでは、「従来行われてきたカウンセリングは、指示的なカウンセリングではないか。つまり、カウンセラーが中心で、『ああせよ』『こうせよ』と指示する傾向の強いカウンセリングではないか」と批判し、自分のカウンセリングは非指示的――のちに「来談者中心」に改められる――で、クライエントの成長の力を信じ、その力と決断力を中心に進めるカウンセリングであると主張して、その理論と方法を支える人間観を強調している。

ロジャーズは、もともと精神分析の訓練を受けていて、どちらかというと人間を悲観的・宿命的に見ることを学んでいた。つまり、精神分析は「人間は本能の塊《かたまり》であり、本能は奔放《ほんぽう》でコントロールが難しい」と考える。そこで人間は「本能をいかにうまくコントロールして、自分にふさわしく発揮させていくかを学ばねばならない」という人間観に立っている。つまり、精神分析の考え方は「人間は本能にエネルギーをもらって理性や良心を培《つちか》っていく」というものであり、どちらかというとX理論に近いといえる。

ただ、ロジャーズが影響を受けた精神分析家ランク〔Rank, O. 1884～1939〕は、精神分析の流れをくみながら、クライエントに自己の意志を主張することを習得させることを目的とした意志療法を提唱しており、ロジャーズは、そのランク理論の影響を受けていた。

*

彼が最初にカウンセリングを実践したところは児童相談所であった。当時、児童相談所は子どもの相談を受けるところで、子どもは必ず母親に伴われて来談し、相談は親子双方に対して行われていた。子どもに対しては情緒が不安定な子どもや問題行動をもつ子どもの支援などが専門家によって実施され、その間、母親への指導・相談が行われるのである。自然の流れとして、母親相談は、子どもに日常どのように接していったらよいかとか、子どもの言動の意味をとらえ、どのように接するかといった指導が中心であった。

ところが、彼は、ある母親とのカウンセリングの躓《つまず》きをきっかけに「来談者中心」という考え方をもつことになった。

その母親の子どもは多動症で、静かに座っていなければならない集団教育の場で、始終動いてしまう症状をもっており、情緒的な問題への支援が行われていた。ロジャーズは母親のカウンセリングを担当していたのだが、そのうち、自分の対応が効果のないことに気がついて、正直に「このカウンセリングはあまり効果がないように思う」と伝えたという。母親も同意し、カウンセリングを中断することにした。ところが、母親が相談室のドアを出ようとしたとき、ふと立ち止まり、「ここでは大人のカウンセリングはしないのですか?」とたずねた。母親は「実は、子どものことよりも私のことが話したい」と言い、今まで話してきたこととはまるで異なる、自分の幼いころからの生育史や現在の夫婦関係など、自分の悩みや問題を訴え始めた。そして、それが子どもに影響しているのではないかとうすうす感じていた、と語った。その後、その母親のカウンセリングが続けられ、母親が自分の問題を解決していくにしたがって、子どもも落ち着いていった。

以後、彼は、クライエントは問題の所在を知っており、問題をどう解決し、どのように生きていくかを真剣に考え、自分の中ではぐくんでいることに確信をもつようになった。そして、クライエント本人のもてる力を尊重し、本人の意志の開発を中心とした来談者中心の支援法を開発した。それは、人間の自己実現傾向を十分発揮できるよう側面から支援する人間性心理学の考え方と軌を一にしていた。また、専門家はすべてを知っているわけではないという精神保健運動を開始したビアーズの人間観にも通じる。

*

ロジャーズの人間観は、人間信頼、人間の自己実現に向かう潜在能力を重視する人間観であり、彼のカウンセリング理論が、現在のように多くの人々の心をとらえ、多くのカウンセラーや心理支援専門家の立ち返る拠《よ》りどころになっている。彼のカウンセリングは、人間性心理学と相まって、人間の尊厳に対する畏敬の気持ちを基盤とした人間支援の潮流をつくり、二〇世紀後半の心理学とカウンセリングに大きなパラダイム・シフト（主流となるものの見方や考え方・認識の転換）をもたらした。

それはまた、二一世紀に入って訪れた社会構成主義（ポストモダニズム）と呼ばれるもう一つのパラダイム・シフトを誘うことになっていく。

その動きは、近代（モダン）を超えた人々の生き方、学問のあり方、世界観への問いかけとなり、カウンセリングのみならず、二一世紀の人々の人間観と生き方に革命的ともいえる問いを投げかけている。

5　社会構成主義――ポストモダニズムの人間観

これは、人間性心理学が台頭していくプロセスで、差別への問いかけの中にすでに潜在していた人間観である。とりわけマイノリティやフェミニズムの立場からの学問・専門家・社会通念の機能に対する批判は、世界的規模の問いかけとなり、カウンセリング理論と実践はもとより、人間の生き方、あり方をテーマにしている研究、実践、職業などの領域に大きな影響を与えている。

その問いかけは、人間はあるコミュニティ・社会の中に生まれ、育ち、その社会の中で、ものの見方や考え方を習得し、その社会に適応して生きていくという社会的現実から発している。そうであれば、人々が日常生活の中で得ていく概念や考え方、記憶などものごとに対する認識は、個人の歴史的・社会的・文化的プロセスの中で言語を通して形成される、つまり社会的に構成されることになる。その意味で、人々の認知や語りは主観的解釈以外の何ものでもなく、私たちはものごとを各人の色メガネを通してしか知ることができず、客観的真実は存在しないということにもなる。

そこで問題になるのは、社会を動かしている「意見」のつくり手である。

社会的交流の場では、支配的立場と服従的立場が容易に形成されやすく、たとえば年齢、権力、知識などの違いは、より有利な立場、より支配的な立場をつくりやすく、さらに人種、民族、ジェンダーに対する差別意識なども、より大きな力とより優れているという立場を確保した人に強い影響力をもたせ、その言説（ことばによる説明・解説など）は服従的立場の人の思考を支配していくことになるだろう。

このような見方からすれば、カウンセリングの理論もまた、このプロセスの産物だということになる。カウンセラーという専門職は、主流となる意見をつくりだし、一つの方向性を示し、社会を動かしていくという意味で、カウンセリングの場においては対話の参加者それぞれの立場が問題となる。

ポストモダンの立場・考え方は現存する理論や技法を否定するわけではないが、人がものごとに向かうスタンスとしての倫理的態度・姿勢、構えを意識させることになる。カウンセラーは権力ある責任者という位置に立ってはならず、専門家ではあるが自分のものの見方と価値観、言語から自由ではない限界のある人間であり、クライエントのことについてはそもそも「無知」の立場にある人ということになる。

カウンセラーは、クライエントが社会の中で生きるためにつくりあげてきた各自の生き方（物語）が、本人にふさわしいかどうかを問い直し、書きかえたり、新たな物語を創造したりするときの媒介者という重要な役割を担うが、決して物語の監修者になってはならない。

このようなさまざまな問いと働きかけの誕生は、二一世紀のカウンセリング界に再びロジャーズを再確認させ、クライエントの潜在能力を引き出して、クライエントが自分にふさわしい生き方（物語）を発見し、創造することにかかわるような実践のあり方を問い続けている。

カウンセリングは、特別の専門的な訓練を受けた専門家が行うものだが、ロジャーズの人間観は、どの学派のカウンセラーにも影響を与える基本理念である。クライエントあるいは問題をもった人は、本来、より成長しようとする力をもっているのだが、それが発揮できないほどに重荷を負い、身動きできず立ち止まっている状態にあると考えるならば、それは自分に合わない、自分らしくない言説にとらわれているということであり、本来の力が発揮できるための援助とは何かということになる。

そういう意味で、専門家と来談者には人間としての区別はなく、同等のところにいることになる。また、この観点がなければカウンセリングは成り立たないと言ってもいい。人間として、誰かが上で誰かが下ということでなく、互いに同じような悩みをもったり問題をもったりする可能性があり、一流のカウンセラーといえども心理的症状をもつ可能性がある。カウンセラーも不完全な人間であり、万能ではないが、専門的な訓練を受けているのでクライエントと協力・協働する方法を知っている。だから何らかの助けができる。カウンセラーはそのような人間観に基づいて支援をしていると考えるのである。

＊

カウンセリングの支援とは、ケースによってクライエントの動きを統制したり、導いたりすることもありうるが、基本は共に歩むことである。カウンセラーとは、専門の知識や技術を身につけながら、それらを一方的に押しつけるのでなく相手の力を引き出すために活用し、相手の力を支え、頼りにしながら一緒に歩んでいく存在なのである。

6　あなたの人間観は?

カウンセリングの理論には、さまざまな考え方と方法があり、必ずしもすべてがこれまで述べてきた人間観を受け継いでいるわけではない。ただ、カウンセリングを行うには、移り変わる歴史の中でグローバルな世界観を知りながら、自分の生きる社会のローカルな人々、目の前にいる人のニーズに見合った支援のための人間観が必要だろう。また、人の心にかかわろうとする人は、少なくとも自分の人間観を意識化しておく必要があるだろう。たとえば、「人間はダメな存在」という人間観をもっていて、それを意識しないで支援をすると、その人間観から出ていることばや伝え方による影響を理解することはできないだろう。自分の価値観や人間観の自覚と検討なしに行う支援は、自分の言説や考え方の、無意識で無責任な伝播《でんぱ》になる可能性が高い。

ただし、社会構成主義の見方をすれば、各自の人間観はその人のものの見方のことであり、その言説を否定する他者の言説もありうることになる。人の発言や行動には、意識しようとしまいと、その中に人間観が映し出されている。むしろ人間観をよし悪しで判断するのではなく、異なった人間観が互いにかかわり合い、一方を否定することなく共存させていくことが、誰かが権威の座につかないようにする人間の知恵となる可能性がある。意識化して自己理解していることがカウンセラーに求められるゆえんである。

*

カウンセリングの学びの中には、人間観を意識化する訓練も入っている。

カウンセリングのプロセスと終結は、一人ひとりみな異なっている。カウンセラーが自分の人間観を意識して一人ひとりと真剣に向かい合い、寄り添ってみると、クライエントが自己を生かして自分の道を選び、自分らしい歩みを始める。つまり、カウンセリングは、クライエントが自分の足で踏み出すことで終わる。クライエントの潜在能力を引き出していくことなしに、カウンセリングの働きはないことを覚えて、第2章に進んでほしい。

第2章　カウンセリングの基礎となる心理学理論

次の第3章で、代表的なカウンセリングの理論を紹介するが、誰もがすべての理論を理解し、マスターしてから実践を始めることは不可能に近い。そこでこの章では、それらの理論・技法に共通する基礎的な心理学理論を大きく三つの方向から紹介する。三つの視点は、どのカウンセリングの理論にも共通するものであり、人間とは何か、どんな問題を抱えているかを理解し、心理的支援をするための土台だと考えることができる。

1　人間の行動とことば

(1) 人間の相互理解

動物は生き残るために自分の状態を仲間や他の動物に知らせる方法をもっており、それを使って互いに理解し合い、支え合って生きている。ただ快と不快といった、原始的で基本的な体感だけを手掛かりに個体として生き残っていく動物もいるが、子育てをしたり、仲間をつくって助け合ったりして生きていく動物は、社会的な相互交流のための共通の信号をもっている。

その点で人間はことばを使って物事を考え、複雑な感情などを表現することができるため、ことばは人間が相互理解するための重要な鍵であり、共通理解の「拠《よ》り所」となっている。他の動物もその種同士で通じる信号をもっているだろうが、文化や産業などをつくりだすような脳の知的働きはない。感情表現の視点から見ても、群れをつくって社会的交流をする動物には、喜怒哀楽のほかに愛情や憎しみといった社会的な感情をある程度表現できるが、愛、恥、罪悪感といった知的な感情はことばがなければ表現しきれない。

ことばのわからない赤ん坊は抱いてほしいとき、おなかが痛いとき、どれも「泣く」という信号で表現する。赤ん坊は、表現の拠り所となる「さみしい」とか「痛い」という感覚を区別して表現することばをもっていないが、不快な感じを表現する「泣く」という生来備わっている信号を発信することで周囲から関心を求める。一方、「泣く」ことは人の関心を求める表現だと知っている大人は、その拠り所に従って、赤ん坊の求めに関心を寄せ、さらに詳しく理解しようとする。

換言すれば、人間はさまざまな非言語的表現（表情、身振り、動作など）やことばを使って自己を伝え、相手のことばを自分の理解の拠り所を使って照合し、一致したものを共有し、理解し合って生きていると言うことができる。人の頭脳には、それぞれの体験から得られた非言語的表現やことばが共通理解の拠り所となって蓄積されており、それらを交換し合って細やかな理解が進んでいく。

（2）個人によって違う「ことば」の意味

私たちは、相互理解の拠り所となることばと非言語的表現を、自分なりに自分の体験と結びつけて伝えているが、その表現によって伝えたい内容や意味が、必ずしもそのとおり相手に伝わるとは限らない。体験と表現の結びつきには個人差があるからである。同じ「悲しい」ということばを使って話をしていても、突きつめていくと自分の「悲しい」の意味と相手の受け取った「悲しい」の意味は違うことがありうる。

つまり、「悲しい」ということばは、辞書にある一般的な「悲しさ」を表現する標準的な拠り所ではあるが、個別の「悲しい体験」という内的拠り所から表現されたことばは、聞き手の理解の拠り所と一致しない可能性があり、ことばの共通性は必ずしもそれぞれの人が考える意味の共通性にならないということである。厳密に言うと、私たちの日常生活のやり取りは、実はその違いを確かめたり、修正したりすることのくり返しだと言っても過言ではない。

＊

カウンセリングでは、クライエントは自分が体験した問題や悩みを自分の拠り所となることばで語ることになる。たとえば来談した人が、「私はここのところすごく憂うつで、何もする気が起こらない」と言ったとき、カウンセラーは、実は、その人の体験はわからないと思ったほうがよい。「憂うつ」ということばでその人がどんなことを伝えようとしているか、「何もしたくない」とはどんなことか、わかっているわけではない。「元気がないらしい」とか、「大変な状態かもしれない」とは想像できたとしても、その想像は、まだ自分のことばの理解の拠り所から想像しているだけである。

人はこのようにして、互いに自分の体験とそれを表現する拠り所となることばを取り入れ、使って理解を進めようとする。しかし、あることばの内容は、語っている人と聞いている人では異なっている可能性があり、同じことばがまったく同じことを意味するとは限らない。人を理解するには、その人と自分のことばの拠り所が意味することの一致、不一致を確かめ、共通のものにたどり着こうとするプロセスが必要となる。それがないとき、ピントはずれ、我田引水《がでんいんすい》の理解を基にしたやり取りになり、葛藤や問題が起こり、もちろん支援も適切なものにはならないだろう。

カウンセラーは相手が何と言っているかではなくて、何を言おうとしているかを理解しようとする。来談者のことばを鵜呑《うの》みにしたり、安易にレッテルを貼ってわかった気になったりしてはならない。カウンセリングが参加の精神で行われるとか、共感的理解が必要だというのは、人間は、ことばと動作だけでは互いに理解し合うことが必ずしもできないほど複雑で、聞き手とは異なる細やかな感情体験と異なった意味をことばに託しているからである。カウンセリングのプロセスは、カウンセラーがクライエントの体験を自分の拠り所と照らし合わせるプロセスであり、それが相互理解の要《かなめ》であるともいえるだろう。

2　内容とプロセス

カウンセリングの基礎となる第二のポイントは、人の表現には内容とプロセスがあるということである。それは、「話題（テーマ）と感情」とか、「課題とメタ・コミュニケーション」と言いかえることもできる。

私たちが、何かを人に伝えるとき、その中には必ず一連の伝える内容がある。たとえば、ある会合で「夏の社員旅行について」話し合ったとすれば、そのテーマは内容を示している。そこで、「何が話され、何を決めたか」という結論も内容の重要なポイントになる。「先日の会議では、夏の社員旅行について話し合われ、八月二〇日から二二日まで、軽井沢に行くことに決まった」と言えば、会議の内容について報告したことになる。

ところが、会議や人々のコミュニケーションには、そこで話された内容のほかにも、そこで起こっていることがある。表面的には話されていなくても、その内容が話される場の雰囲気、話の流れ、人々の気持ち、動きなどである。それをプロセスという。それは、話し合いの結論に至るまでにはどれくらいの時間がかかったか、誰が賛成し、誰が反対したか、結論以外にはどのような意見があったか、ある意見がどのように消えていったか、そのとき、自分はどんな気持ちだったかなどである。報告の中で、そのプロセスや人々の気持ちの一致度、不一致度まで伝えるならば、会議の内容はかなりのふくらみをもって理解されるだろう。人間関係やコミュニケーションには内容とプロセスが補い合って同時進行しており、そこにいる人々はその双方を経験している。その双方を統合してとらえ、理解して初めて全体像がわかる。

二人の人が愛について話していることと愛し合っていることとは、一致することもあるが、一致しないこともある。哲学のテーマとして愛を語るときと、相手に愛していることを伝えようとして愛を語るときとでは、同じことばを使っていても、まったく異なったプロセスがあることは言うまでもない。

「プロセス」とはコミュニケーションの進み方、関係がつくられていく過程であり、また、その過程で関与する人々の間で起こっている感情、思考、行動の相互作用全体であるともいえるだろう。

内容とプロセスは人間関係における理解の両翼であり、二つそろうことでより正確な理解が得られ、どちらかが欠けると理解はかなり阻害される。一方、ときに、内容とプロセスが互いに補い合わないで、不一致になることもある。悲しい話をするときに、涙を流しながら切れ切れのことばで表現すれば、その一致により、悲しみの深さがよくわかる。芥川龍之介の短編『手巾《ハンケチ》』には、母親が先生に息子の死を淡々と報告していて、先生が戸惑っているシーンがある。そのかぎりでは、母親の話し方と態度は一致していなかったのだが、ふと先生が母親の手もとを見て、その手がはげしくふるえ、両手で裂《さ》かんばかりにハンカチをかたく握っているのに気づいたとき、先生は、母親の悲しみの深さを理解することになった。

怒ったような声で「何でも気軽に話しなさい」と言ったり、眉をしかめて「こちらへいらっしゃい」と呼びかけたりするのは、内容とプロセスが一致していない例である。皮肉や冗談なども不一致の例だが、多くの場合、人間はプロセスのほうを重視して理解する。

内容とプロセスが一致していないことに気づかない、あるいは気づいていてもプロセスを無視したやりとりもある。遅く帰ってきた子どもに、声を荒らげて「どうしてこんなに遅くなったの！」と腹を立てている母親に対して、笑顔で「友だちと遊んでた」と答える子どもの対応である。母親は「けしからん」という気持ちを伝えたかったのに、子どもは「内容」で答えているため、ちぐはぐな会話になっている。

このように考えると、私たちが人や物事を理解しようとする場合、そこで話される内容だけでなく、ことばにされない感情やメタ・コミュニケーション（ことばや内容の裏にあるメッセージ）をとらえる必要があることがわかるだろう。つまり、「誰が」「何を」だけでなく、「どのように」が重要なデータであり、実際の理解はそれを基にして進んでいることになる。

ところが、私たちはその部分を無意識に理解していても、それを言語化することは少ない。日常生活においてもコミュニケーションには内容とプロセスの二つの側面があること、その双方をなるべく一致させて語り、理解することが必要である。そのためには、内容だけでなくプロセスの視点からも種々のデータを観察して、互いに分かち合う力を身につけることが大切になる。

*

カウンセリングでは、来談者の話している内容や課題だけでなく、そのとき、その場の感情やプロセスについても深く理解しようとする。内容を理解するために、互いにことばの意味を確かめ合うと同時に、理解をさらに深めるために、そのことばや文章がどのように語られ、身体全体でどのように表現されているかを併せて理解するのである。たとえば、一見、母親を非難し、嫌っているように見える娘が、どういうわけか母親から離れようとしないでケンカを続けている場合、理解に苦しむ矛盾した言動とだけ見るのではなく、ケンカを続けながらも離れることで寂しくなるのを避けている娘の、母親に対するアンビヴァレント（両価的）な感情を理解し、複雑に入り組んでいる問題を解きほぐしていくといったプロセスが不可欠になる。

カウンセラーには、プロセスを理解するための感受性や観察力、そしてそれらを総合する力が求められる。

3　部分と全体の関係

人を理解し、問題を理解するうえで大切な三つ目の視点は、内容とプロセスとも重なるところがあるが、部分と全体の関係である。

「人間は部分や要素が雑然と集まって成り立っているのではなく、全体としてさまざまな部分が相互に作用しながら動いているという考え方」、あるいは、「人は自分のものの見方のくせで見ているので、同じものを別の人は異なって受けとめるという考え方」とも重なる視点である。たとえば、親から見れば「子どもが反抗している」と見えることが、子どもから見ると「自分らしさの主張」である場合、そこにはある言動を一方は「反抗」、他方は「個性の表現」と受け取るような関係性があると考えられる。

それは、カウンセリングでは、人が来談したとき、その問題や悩みのみにかかわっていても解決はおぼつかないということになる。仮にA・B二人が、それぞれ父親の死に直面し、悲しんでいるとしよう。たとえ二人が同じ年齢の長男で、同じ地域社会に住んでいて、同じ学校に行き、きょうだいの数が同じであるとしても、その悲しみの内容は異なる。深刻にものごとを受けとめる傾向のあるAは、先ゆきが不安で途方に暮れて悲しんでいるが、父親と親密だったBは、仲間のような父親がいなくなった悲しみのほうが大きいかもしれない。

カウンセリングでは、クライエントへの共感的理解はもとより、問題や悩みがその人の中に占める割合や位置づけ、さらに、問題をもつに至った経緯やその人の歴史を理解しなければ、理解も援助も的外れになる。ましてや、環境や状況が異なる場合はさらに複雑な違いが重なり、それぞれの父親の死に対する気持ちは、まったく異なっている可能性もある。

つまり、個人を理解するには、「父親の死」とか「悲しみ」といった部分だけを理解してもその人の悲しみ全体を理解したことにはならない。症状や問題を特定することができたとしても、それを抱えているクライエントや周囲の状況まで含めてその症状や問題を受けとめなければ、その人の問題全体を理解したことにはならないし、支援の役には立たないということである。

人間は、身体と精神をもち、多様な機能を備えて生きているため、たとえ部分が病んだとしても、そこだけの治療をすればいいということにはならない。その部分に障がいがあらわれているかもしれないが、もっと根本的な、あるいは全体的な障がいの一部にすぎないかもしれない。その意味で、部分に取り組むことも重要だが、その部分と相互にかかわり合っている他の部分や全体を無視しては、人間理解や支援は不十分になる。

カウンセリングを行ううえでは、このような部分と全体の有機的なかかわりを総合的に理解して、何を目標に、どこから支援を始めるかをしっかり見定める必要がある。

カウンセリング理論のところでも述べるが、カウンセリングの背景にある心理学の理論の中には、人間性心理学、行動主義心理学など、人間をそれぞれ異なった視点からとらえた多様な理論がある。そのような理論の一つであるゲシュタルト心理学では、人間を部分と全体の両方からとらえる必要性を強調している。

ゲシュタルトとは、ドイツ語で全体、または布置（配置）を意味する。ゲシュタルト心理学は、人間の全体性と人間の認知の連続性と統合性を強調して、人間は部分を集めた合計以上のものであり、分解や分離ができるさまざまな要素を集めただけのものではない、と主張する。また、人間の知覚や認知も、ばらばらに機能しているのではなく、全体としてまとまりをつくる仕組みをもっているとする。それを説明するのが**図1**である。

この図は四角の中にもう一つの四角があり、その角を線でつないだ平面図であるが、おそらく読者には、少なくともその他に二つの図が見えるのではないか。一つは、四角の踏み台を、中央の四角が手前にとび出している奥行きのある真上から見た図、もう一つは、その踏み台を真下から見た、外枠が手前にある図である。加えて、廊下のような場所を手前から見た図を見つける人もいるだろう。これらは、平面図に遠近をつけて見たことになるのだが、読者は今、一つの図を四とおりに見たことになる。この例は、人間が何かを見たときに、ある調和をもった理解をし、また別の形の調和としてとらえ直しながら、全体をとらえようとする傾向をもつことを示している。

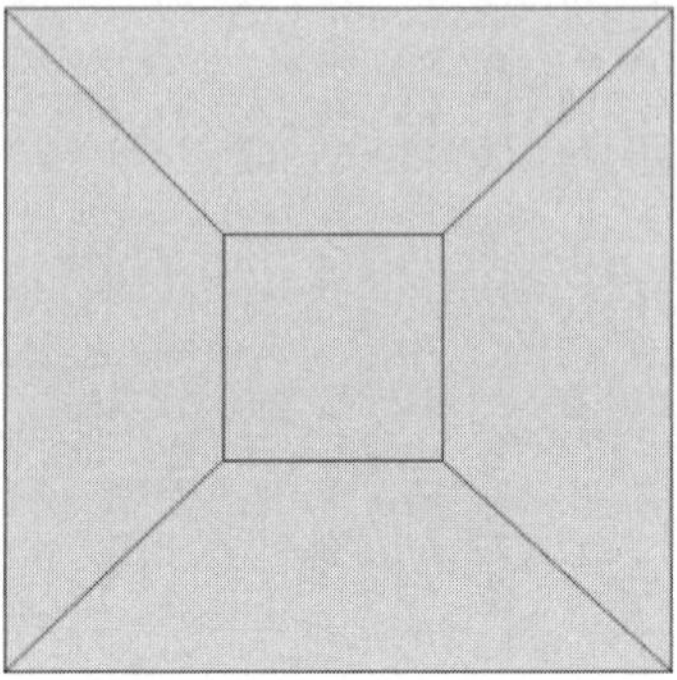

図1　四角の中の四角

さらに、人間のこの傾向は、とらえたものに意味を加えることにもなる。たとえば「踏み台」とか「廊下」と見た図には単にどう見えたかだけではなく、見えたこと全体を自分にとって意味ある概念（たとえば踏み台）と結び付けてイメージしていることがわかる。人間は部分を集めるだけでなく、集めたものを自分にとって意味あるものに受けとめようとする傾向があること、そのような存在として人間をとらえない限り、人間を十分に理解することはできないことを示している。

＊

多くの読者は、もう一つの図を見たことがあるのではないだろうか。ある瞬間は図の真ん中に壺《つぼ》が見え、視点を変えると向き合った二人の顔が見える**図2**である。「ルビン〔Rubin, E. 1886～1951〕の壺」として知られるこの図は、ゲシュタルト心理学では、「反転図形」と呼ばれ、白い壺を見たときは周りの部分は背景になり、向き合っている二人の顔の黒い部分を見たときは真ん中の白い部分は背景になる。二つの図を同時に見ることはできないが、図と地（背景）が反転してものが見えるということは、人間が部分だけをとらえているのではなく、背景も含めた全体をとらえることで部分を認知することを示しており、さらに、受け取り方は一人ひとりの経験により異なることを示している。

私たちは、日ごろ、自分の体験をバックグラウンドにして話をしているので、全体が見えな

図2 ルビンの壺

いときは話が通じないことも多い。たとえば、「ここから駅まで行く間にポストがいくつありますか?」と尋ねられて、「一つもない」と言う人もいれば、「三つある」と言う人もいるだろう。いずれもその人の体験としては事実なのだが、客観的事実ではないかもしれない。人は、客観的事実だけを基に話をすることはないので、話が通じないときに誤解や悩みが生じる。その結果、自分がおかしいのか、相手がおかしいのかと考え込むことにもなる。

図1を見たとき、一人が「長い廊下だ」と言い、もう一人が「この踏み台に乗るのは怖い」と言ったとすると、二人の話は通じないし、どちらが正しいかという議論になるかもしれない。実は、どちらも間違っているわけではなく、「違い」は「間違い」にはならない。

このように考えると、人間理解は複雑で、奥も深い。人々の悩みは、こんなことから生じているかもしれない。人はさまざまな体験を基にして、いわば自分流に理解の枠をつくって見方を学んでいくので、それを表現するときもまた、さまざまな有言《ゆうげん》、無言の自分独自のコミュニケーションの方法を使っている。厳密に言えば、人は誰もが自分のものの見方(踏み台)を伝えて理解してもらおうとしているので、ほかのものの見方(廊下)をしている人にはわからないかもしれない。それを前提にして話を聞き、理解しようとするならば、「違い」は「間違い」にならず、むしろ理解の幅が広がるだろう。

人の表現は一部だけを示しているようでありながら、全体も語っている。ということは、人はその全体も理解することができるのだと考えて、理解し合うことが重要になる。違いがあると、「どうせ、あの人を理解しようとしても無駄だ」と考えがちだが、むしろ、「だからこそ、精いっぱいの力を尽くして理解してみよう」と考えるのである。相手が自分と異なった世界を描いていても驚いたり不安になったりすることはない。それを相手の世界だと受けとめ、その世界も見える(廊下しか見えなかった人が踏み台も見える)ようになれば、それで両者の世界が広がるし、一つの出会いがあるだろう。

*

カウンセリングとは、来談した人の問題を正しいほうへ直し、症状を治すこととは限らない。その人が抱えている問題を見直し、視野を広げ、当人が成長する「転機」だと考える。つまり、その問題や症状をきっかけにして自分と他者の理解を広げ、新たな世界を分かち合えば、自分が「間違っている」とか「おかしい」わけではないことがわかる。それは、誰にとっても自他の見方を理解し合って、成長する生き方への転機である。周囲から強く否定されたり、自分が少数派だったりすると、「自分はおかしい」と自己否認して苦しむことがある。所属する集団(たとえば、家族、学校、職場など)で、個性を否定されたり、多数派に入っていなかったりすると、悩むことがある。そのようなときは、自分をより広い全体の中に置いてみることが必要であり、それがカウンセリングの支援である。

その意味で、カウンセリングは、個人の問題や症状だけでなく背景も含めて、理解に八〇パーセント、あとの二〇パーセントが支援と言ってもいい。カウンセラーであっても、すべての人のものの見方を把握しているわけではないし、自分のバックグラウンドを活用しながら理解していくので、クライエントのものの見方を教えてもらうことで、互いの理解が広がっていく。カウンセリングは、カウンセラーがクライエントの間違いを直す手伝いをするのではなく、ありのままの思いや姿を理解しようとすることで、クライエントが自分の世界の見方を受容して、心の問題がなくなるよう手伝いをしている。互いの理解が広がり、問題が解明されていくプロセスは、協働作業と呼ばれ、カウンセリングの醍醐味《だいごみ》でもある。

*

変化と多様化が急速に進む二一世紀を迎えて、そこに生きる多様な人間を理解するには、クライエントは自分自身についての専門家として、またカウンセラーはその専門家の自分探しを手伝う専門家として、互いに協力し合い、共に働くことが不可欠になっている。

4　カウンセリングと類似の支援との違い

カウンセリングは、右に述べたような人間理解の理論を活用して心理的支援を行っていくが、カウンセリングと類似した支援はほかにもある。そこで本節では、それらの支援とカウンセリングはどこが異なり、どこが重なっているのかを紹介して、他の支援との違いからカウンセリングの理解を広げ、深めることにしたい。

(1) コンサルテーション(相談)

カウンセリングと聞くと、おそらく多くの人は「相談」ということばを思い浮かべ、「カウンセリングを受けるとは、相談すること」と理解するのではないだろうか。第二次世界大戦後、米国から特定の専門職を意味するカウンセリングということばが導入されたとき、適切な日本語訳がなかった。日本人にとってこの行為は相談に近いので、わかりやすく「相談」と訳していたこともあった。ところが、英語には相談を意味するコンサルテーション(consultation)ということばがある。二つの行為には似ているところもあるが、違いもあり、それを明確にするためにカウンセリングはそのまま使うことになった。

相談という活動は、さまざまなところで行われている。たとえば、新聞や雑誌には身上相談の欄があり、そこでは、相談する人と回答者がいて、相談に対して助言が与えられる。また、ラジオや電話でも相談することができ、多様な相談ごとに対して人生経験豊かで識者といわれる人たちが、それぞれの立場からいろいろな助言を与えている。そのような活動は、友だち同士、上司と部下、親と子、先生と生徒、店員と客などの間で、日常的なことから専門的なものまで、幅広く行われており、言うまでもなく非常に有意義で大切な働きである。

ただし、英語では、「相談」はコンサルテーション、あるいはコンサルティング（consulting）であって、カウンセリングではない。コンサルテーションの意味するのは、ある分野に専門的知識や理解をもち、専門的な対処の方法を知っている人が――身上相談では人生経験豊かな人が――その分野に関する疑問や悩みについて情報を提供したり、問題を理解するための方法を教えたり、問題や状況を診断したり、解決の方法を教えたりすることである。

コンサルテーションをする人はコンサルタント（consultant）と呼ばれ、コンサルタントはある領域の知識や経験が豊かな専門家の立場から、権威者として助言・指導することが期待され、相談内容は一定の専門領域に限られる。たとえば、「喉《のど》のここがこんなふうに痛い」と訴えられたとき、医者が「それは風邪です」と診断し、「この薬を飲んで安静にして……」と治療の方法を指示し、助言するといった部分にあたる。診断を受ければ問題の所在と仕組みがわかり、解決の方法を見つけやすくなるし、専門的立場からの判断と助言は信頼性も高く、方法も教えてくれるので実行に移しやすい。さらに、対話や協議が可能なコンサルテーションでは、問題の一般的な理解や方法だけでなく、相談している人の状況やニーズに合った個別対応ができるので、コンサルタントの知識や情報は個々の事情に合わせて提供されるという利点もある。

その意味で、コンサルテーションはカウンセリングに近い支援であるが、次のような例を見ると、コンサルテーションが有効でない場合があることがわかるだろう。

たとえば、母親が「子どもが学校に行かなくなった。いくら行くように言っても、頑として行こうとしません。どうしたらいいでしょうか？」と訴えたとしよう。その母親の目的は、コンサルテーションを求めていると受け取ることもできる。「不登校の息子を学校に行くようにするには、私はどうしたらいいのか？」とか「このような状態の解決にはどのような方法があるのか教えてほしい」と尋ねている。そして、相談された人が、「あなたは学校に行け行けと言っているようだが、それは効果がないのだから、行け、行けというのをやめなさい」と伝えれば、コンサルテーションをしたことになる。

ある問題に対して、確かな解決策がある場合、指導・助言は効果がある。しかし、このような問題の場合、それだけで問題は解決しないかもしれない。学校に行けと言っても行くようにならないのだから、確かにそれは効果がない。ただ、わかっていてもやめられなかったことを言われて、それが専門家の助言だとしても、当の母親が納得できなければ実行しないかもしれない。母親は、なぜ行けないか、効果がないかについて尋ね、その理由に納得するかもしれない。ところが、それをやめても学校に行かない子どもは多い。たとえば、それまで子どもにやってきたことをいきなりガラッと変えたら、子どもはびっくりし、母親は落ち着かなくなるだけに終わるかもしれない。

確かに専門家は、不登校の子どもに対して親は焦って「行け、行け」と言いがちであり、その効果がない場合、「行け」と言わないことに意味があることを知っている。ただし、それがどんなケースにも当てはまるわけではない。母親の相談の背景にはどんな出来事があったのか、親子関係はどうか、学校の様子はどうか、母親自身は「行け」と言わないことに納得できるのか、苦しみや悩み、ストレスはないだろうかなどなど、心理的な側面から考慮しなければならないこと、話し合う必要があることがあるだろう。

このような問題は、コンサルテーションでは済まない可能性が高いのだが、多くの人は、専門家であれば素人が知らないことをよく知っているはずなので、万能薬のようなアドヴァイスをくれるだろうと期待しがちである。医者に行けば、風邪と診断して風邪薬を処方してくれるように「○○の問題には、こうしなさい」といった処方箋《せん》があると思っている。教育やしつけ、家庭・学校・職場の人間関係の問題などは、どこでも起こりやすい普遍的ともいえる悩みや問題なので、その道の専門家は解決法を知っていると思うのだろう。

ただ、対面での相談では、相談する側の疑問を話し合う機会があるが、人生相談のような書面による一回の相談は一般的助言に終わることが多いので、相手にとって適切なものかどうかわからない。

コンサルテーションでは、情報を提供したり、解決方法を教えたり、あるいはものごとの本質を診断したりすることが中心になるので、それを承知のうえで、最終的には、その人に合うと思われる助言あるいは処方をすることになる。相談をした人は回答を基に、自分の問題を応用問題として解くことになるだろう。ただ、その相談を読んだほかの人たちは、問題や人生を考える参考にするかもしれず、また、類似した問題をもった人々は間接的に大きな助けを得る可能性もある。コンサルテーションは、一般的な助言であるがゆえに支援の幅は広いが、一方、痛いところに手が届くようなオーダーメイドの助言になるとは限らない。一方、その意味で、カウンセリングの特色は、コンサルテーションの中心となる判断や助言にあるのではなく、来談者と共に問題を理解し、考え、解決していく独特の対話のプロセスにあることだけを、ここでは述べておこう。

＊

ちなみに日本では、「相談」ということばがカウンセリングの中でも日常でも同じ意味として互換的に使われる。一九六七年に日本で初めて設立されたカウンセリング関係の学会の名称は「日本相談学会」であった。学会が創設された当時、日本ではカウンセリングということばが一般に知られていなかったこともあって、カウンセリング関係の心理学者たちが教育、医療、福祉、司法などの領域で行われている相談活動の中にカウンセリングの精神を生かすことを考え、さらにカウンセリングに関心がある人々が集まりやすいように、その名称にしたといういきさつがある。専門家の権威の一方的な押しつけによる助言に対して警告を発する意味でも、またカウンセリングという専門的な心理支援を広める意味でも、その効果はあったと思われる。カウンセリングが一般に知られるようになり、一九八七年に「日本カウンセリング学会」に改称されたが、一方で、日本では、コマーシャルなどで「育毛カウンセラー」とか「終活カウンセラー」といった表現が相談の代わりに使われている。

（2）ケースワーク

一般にはなじみが薄いかもしれないが、カウンセリングに類似した仕事にケースワーク（casework）がある。これは、社会福祉の支援法で、国民の生存権の保障を目的とした国家的支援の一つであり、精神的・肉体的・社会的な困難に直面している人々を社会福祉事務所や病院、学校などの公的機関で育成・更生させるために活用する専門的技術である。この仕事をする人々はケースワーカーと呼ばれる国家資格をもち、社会福祉の視点からカウンセリングと非常に近い仕事を行っている。

ケースワーカーは、仕事の一環としてカウンセリングを学んでおり、社会福祉とカウンセリングを兼ねた働きをしているという特色がある。ただし、その支援の対象は貧困や心身障がいなどの社会的困難に直面している人々（児童・母子・高齢者など）であり、国や都道府県の福祉行政の方針に則《のっと》って、それぞれの困難に応じた支援を選び、提供する働きをする。

たとえば、元気に働いていた人が交通事故で片足を失った場合、これまでどおりの生活はできなくなる可能性が出てくる。その人の人生設計の中には交通事故で身体が不自由になることは、さまざまな問題をもたらすだろう。仕事が続けられなくなり自分の技術が活用できなくなり、経済的問題に加えて、ショックやストレスによる心理的・精神的な負担にもなるだろう。

たとえば、転職先を探すとか、生活環境を整えるといった問題に取り組むことになるだろう。また、車椅子を提供するのか、義足を勧めるのか、生活の立て直しをするにあたって、医療費や家族の生活費などの経済的支援をどうするかなど、さまざまな問題や援助の方法があるだろう。

このように一つの出来事（ケース）が、生活全体におよぶだけでなく、精神的・心理的な問題も伴う可能性がある場合、その人の状況をめぐって公的・私的観点から総合的な支援を行うのがケースワークである。

ケースワークとは、本人、家族、職業生活、社会的な適応などを含んだ支援を、広い視野から社会的資源の活用を見定め、多方面の専門家と連携しながら組み立てる働きである。カウンセリングが、心理的に個人の内面から適応や変容を支援する働きだとするならば、ケースワークは、そのような支援も視野に入れながら、より多元的で広範囲に及ぶ個人の社会的ニーズに実践的・具体的に応えようとする働きだといえるだろう。その意味で、ケースワークの中にはコンサルテーションや人と人、機関と機関、機関と個人の間をつなぐ連携の仕事も含まれると考えることができる。

日本では二〇一五年の中央教育審議会の答申を受け、スクール・ソーシャルワーカーとスクール・カウンセラーのそれぞれの職務が整理され、二〇〇八年に小・中・高校に配属され始めたスクール・ソーシャルワーカーが、学校と福祉事務所、家族、医療などをつなぐケースワークをしている。それまで日本の学校では、この仕事は、クラス担任・養護教諭などに任されていたが、一九九五年に導入されたスクール・カウンセラーが児童生徒の心理面を分担するようになり、問題をもつ子どもたちの置かれた環境への働きかけを担当するスクール・ソーシャルワーカーと協働して、外部機関や福祉関係の支援を取り入れるようになってきた。ケースワーカー、教師などの仕事の中にも個人の成長を援《たす》けながら悩みを理解し、解決していく働きが含まれており、逆にカウンセラーも他の二者の専門分野の仕事の一部を分担することもある。人々がそれぞれの仕事の専門性を理解し、活用しあうことで、より総合的で細やかな支援が行われていくことになっている。

（3）サイコセラピー（心理療法・精神療法）

カウンセリングの働きともっとも近く、区別をつけることが難しいのがサイコセラピー（psychotherapy＝心理療法・精神療法）である。

カウンセリングとの区別をあえてするならば、両者の起源の違いである。カウンセリングの起源は教育領域であり、児童・生徒の生活への適応、個性・可能性の最大限の発揮などを目的としたガイダンス活動の一環として開発された。一方、サイコセラピーは、医療領域でフロイト〔Freud, S. 1856～1939〕の精神分析の流れをくむ治療として発展し、日本で、医療では精神療法、心理学を背景とする支援では心理療法と訳されたといういきさつがある。

カウンセリングとの区別が難しい理由は、起源は異なっていたのだが、サイコセラピーは医師もカウンセラーも行い、両者の交流によって内容が近づいてきたことがある。また、どちらも、その目的はクライエント個人の態度や行動の変容によって成長と社会適応を促進し、その方法では長期的・直接的面接を通して、個人の心理的変容を支援するという意味で、基本的に共通点をもっていることがある。

ここでは、それぞれの意味と働きの異同について、サイコセラピーとカウンセリングという呼称の使い方、両者の異なる部分、そして両者の接近の経緯について紹介していく。

＊

サイコセラピーという呼称には、治療（セラピー）という意味があり、そのことばには、医師が行う行為という意味が含まれている。一方、サイコセラピーの源流である精神分析は医療の領域で開発されたものではあるが、医師以外も精神分析の資格を取得すれば行うことができる。その意味で、サイコセラピーは医師もカウンセラーも実施できる専門職になる。

ただし、医師の資格をもたないカウンセラーは、サイコセラピーは行うが医療行為はできない。精神科医は、投薬などを含むカウンセラーができない医療行為も行う資格をもっており、両者の支援には違いがあるが、サイコセラピーを行うところは共通である。

したがって、医療の領域で開発されたサイコセラピーは、資格があれば誰でも実施することができるので、医療でもその他の領域でも活用され、時と場合によってはそれをカウンセリングと呼ぶこともある。

カウンセリングとサイコセラピーが接近し、互換的に用いられるようになったのには、もう一つの理由がある。それは、「カウンセリングの父」と呼ばれている北米の心理学者であり心理療法家のロジャーズの『カウンセリングと心理療法』の出版である。その著書でロジャーズは、二つの心理的支援は、個人との持続的・直接的な接触によってその個人の行動・態度の建設的な変容をもたらす面接という意味で基本的に同じ方法を活用していると述べたのである。

以来、二つのことばを区別する立場と同じとみなす立場の間では議論が続いた時期もあった。広く知られた代表的な議論には、カウンセリングは人間の「成長モデル」に基づいた支援であり、サイコセラピーは「医療モデル」に基づいた治療だというものがある。また、教育の世界では、教育的カウンセリングを治療的カウンセリングと区別して、あえて「開発的カウンセリング」と呼ぶこともあった。事態をさらに複雑にしているのは、日本における両者の訳語の違いから、サイコセラピーを医学の世界では精神療法、心理学の世界では心理療法と呼ぶことが習慣になっていることもある。

ただ、教育、福祉、医療、司法、行政などの現場で心理支援を行っているカウンセラーや精神科医は、各自の実践をいずれかに区別することはない。たとえば、学校や大学などの教育機関で仕事をしているカウンセラーは、日常の問題や人生の困難などに現実的・具体的に支援すると同時に、心理障がいのあるクライエントに対して心理療法も行う。また、個人開業をしている精神科医やカウンセラーは、それほど深刻でない問題にも、心理障がい（心理的妨《さまた》げ）にも対応するのが日常である。

つまり、人の健康な生き方の支援とは、生理的・身体的健康の回復だけでなく、心理を含む全人的な成長を見据えたものであり、ロジャーズが著書で述べたように、心理支援職の活動に本質的な違いはないと考えることができる。現場では、それぞれが過去にどんな訓練を受け、どのような実践をめざしているかによって、また、実践の場がどのようなクライエントを対象に、どのような支援を行うところかによって、専門職の働き方が異なってくるだろう。

＊

以上の観点をまとめると、精神科医もカウンセラーも、ときにはケースワーカーも、それぞれの職場やクライエントのニーズに応じて専門職として心理的支援を行っており、カウンセリング・心理療法・精神療法の名称の違いにはこだわっていないと考えてよいだろう。

（4）カウンセラーとサイコセラピストの接近

第1章でも述べたとおり、二〇世紀の初頭、たまたま医療と教育の領域で生まれた二つの心理支援は、目覚ましい科学の発展と世界的規模の情報化の中で、一九九〇年代から始まったポストモダンと呼ばれる新たなパラダイムのもとで、大きな転換を遂げることになった。
それは、カウンセリング発祥の地、米国とその影響を大きく受けて発展してきたカナダと英国の学会の動きに顕著に表れている。

一九五二年に設立されたアメリカ・カウンセリング学会（ＡＣＡ＝American Counseling Association）は、その前身であるアメリカ・キャリアカウンセリング学会（一九一三年設立）の歴史を引き継ぎ、数回の名称変更を経て、二〇一三年に学会設立百周年を迎えている。その直前の二〇一〇年に新たなカウンセリングの定義を公表した。

「カウンセリングとは、メンタルヘルス、心身の快適な状態（wellness）、教育、そしてキャリア目標を達成するために多様な個人、家族、グループを力づける（empower）専門的な関係である」

また、一九六五年に設立されたカナダ・カウンセリング学会は、二〇〇九年にカナダ・カウンセリングおよび心理療法学会（ＣＣＰＡ＝Canadian Counselling and Psychotherapy Association）と名称を変更し、二〇一一年に以下の定義と実践領域を発表している。

「カウンセリングとは、人間の変化を促進するために特定の専門的能力を倫理的に活用することを基盤とした関係のプロセスである。カウンセリングは、心身の快適な状態、関係、個人の成長、キャリア発達、メンタルヘルス、そして心理的疾病または苦悩（psychological illness or distress）に対応する」

イギリス・カウンセリング学会は一九七〇年に設立されたが、二〇〇〇年には、カウンセリングと心理療法の共通性に関心をもつ専門家を統合して英国カウンセリングおよび心理療法学会（BACP＝British Association for Counselling and Psychotherapy）として再出発した。そのとき発表した学会の目標は、

「語りによる治療（talking therapy）という大きな傘のもとで、訓練された専門家によって行われる効果的な変化や健康な生活の増進をもたらす短期、または長期の支援である」（以上、「　」内は筆者訳）

＊

二一世紀の社会的・文化的多様性とグローバル化を背景にして、欧米の学会ではカウンセリングと心理療法は、心理的疾病を含めて心身の快適な状態の増進をめざす支援関係とされ、支援する専門職の人間観・アイデンティティ（専門職の責任と倫理的実践）が問われている。

わが国でも、心理支援の現場におけるそれぞれの実践家の志向性と働きは米国、カナダ、英国に近づきつつあるが、他の先進国に比べて心理専門職の公的資格認定が大幅に遅れたこともあって、カウンセリングと心理療法の違いと共通性についての議論も、心理支援の目的や内容も吟味されないまま今日に至っている。二〇一五年の「公認心理師」の国家資格化は、日本の心理支援を担う専門職集団が時代と文化の要請と変化に即した理念・定義に基づき、実践家の教育・訓練に集中する時期が来たことを示している。多様な団体が認める多様な資格のもとで

行われてきた実践の質の向上は、今後の大きな課題になっていくであろう。

第3章　代表的なカウンセリング理論・技法

カウンセリングには一つの理論と方法があって、それさえ勉強すればカウンセリングはマスターできると思っている人もいるかもしれない。ところが、カウンセリングの理論は一九八〇年にはすでに四〇〇以上もあったといわれており、異なった流派や主張が、我こそはとその有効性を競ってきた。それらがカウンセリングの発展に寄与してきたことは間違いないが、同時にそれらすべての理論を理解し、マスターしていくことは、誰にとっても不可能に近い。幸いに、理論・技法の乱立の時代を経て、それぞれの効果研究や方法論の比較検討が行われるようになり、次第に多様な理論・技法が整理統合されて、現在に至っている。

その過程で明確になってきたことは、どの理論・技法もそれだけではすべての問題の支援には不十分なこと、しかし、どの理論にもカウンセリングの基本となる共通因子があること、そして、異なった理論・技法は共通要素を基盤にしながら、人間の異なった心理的側面にアプローチできることであった。また、カウンセリングは一般にクライエントとカウンセラーの一対一の形式で行われるが、その他、少人数のグループで行われるもの（家族カウンセリング、グループ・カウンセリングなど）、コミュニティ全体を対象とするコミュニティ・アプローチなどが開発されている。そこでこの章では、これらのアプローチの代表的なものをいくつか取り上げて簡単な解説を試みる。

カウンセリングを学ぼうとしている人が、各理論の基本的なところを理解し、自分の特徴や関心に従って学習をさらに深めるために、この章では理論・技法のエッセンスを述べる。カウンセリングが多様な視点から、多様な問題の支援のために行われていることを理解し、カウンセリングを学ぶ者にも受ける者にも、どの考え方を基本にして各自の取り組みを進めるか、その目安となることを期待している。

1　精神分析的アプローチ

人間の心理支援の理論としてもっとも早く開発され、現在のカウンセリングに非常に大きな影響をおよぼし続けているアプローチは、フロイトが開発した「精神分析（psychoanalysis）」の系譜を継ぐ精神分析的カウンセリングである。

その起源はフロイトの著書『夢判断』(1900) が出版された年だといわれている。主に、クライエントの夢や自由連想を精神分析家が解釈していくことによって心理的支援を進める方法として開発されたが、一〇〇年以上の歴史を経て、多様な理論・技法が展開されており、それらを総称して精神力動的アプローチと呼ばれることもある。

（1）イド・エゴ（自我）・スーパーエゴ（超自我）

フロイトの理論の基本をごく簡単に述べると、人間はもともと本能の塊《かたまり》であり、それが理性的な存在になっていく過程が発達であるとした。生まれたばかりの赤ん坊は、人類に特有な本能に従って動いている存在で、生きていくうえでの心的エネルギー（リビドーと呼ばれる）を分化させて成長していくと考える。

人間は、そのエネルギーを本能だけのものにせず「イド（id）」、あるいは「エス（Es）」と呼ばれる人格の本能エネルギーを源として、「エゴ（ego）」や「スーパーエゴ（super-ego）」を発達させて人間となる。エゴ（「自我」と訳される）は、理性的にものごとを判断する力、現実認識の力としてパーソナリティの統合機能となっていく部分、そしてスーパーエゴ（「超自我」と訳される）は、人間として生きるうえでの良心（罪悪感）、自己観察力、理想形成の力とされている。精神分析では、エゴやスーパーエゴをどのように発達させていったかということが、患者の問題や症状の理解の鍵になり、その発達の過程でも、特に幼児期の親子関係の体験が問題の源となるという考え方をする。

フロイトは、生まれてから青年期くらいまでの親子関係が、問題の根になると考えて、発達理論をつくりあげた。人間は、たとえば赤ん坊の間、母親がお乳をどう与えたか――最近の言い方ならば、ミルクをどう与えたかになるのだろうが——ということも病理の原因になる可能性があるとする。つまり、お乳の与え方は、母親が赤ん坊を生きた人間として大切にしたかどうかを意味しており、授乳という象徴的行動の中に母子の人間関係がつくられていくとする。ミルクを与えられない子どもは死ぬ運命にあるのと同じように、人間関係がないと成長できないと考えるのである。赤ん坊自身は、世話なしでは死ぬ運命にあることをどうすることもできない。そのような存在だから、母子関係、特に人格的な関係とか心の関係を重視して、命を大切にし、慈《いつく》しむ行為が子どもの安心感、信頼感の基となると考えるのである。授乳は母親の身体を赤ん坊と接して行うほうがよいというのも、この考え方によるといえるだろう。

そこから出発し、次にはオシメを替える、替えない、泣いたときに抱く、抱かないなど、母親の育児行動すべてが子どもの発達と性格形成に影響していく、とフロイトは主張した。また、四、五歳くらいになると子どもは、男女の性別による違いに気づくようになる。男女によって性器が違うことがわかると、子どもは性の違いを知り、自分のありようを意識し始める。男児はペニスがあることによって力を感じ、女児はペニスをもっていないことによって喪失感をもつとフロイトは考えた。

また、男児が父親をライバル視して母親を奪い合い、敗北に至るプロセスは、男子の発達の基本だという。それは男児が性の違いと親子関係の葛藤に気づき、母親を愛し自分のものにしたいのだが、父親がいるために望みがかなえられない関係の中で生じる気持ちとした。両親と男児の三角関係による男児独特の無意識の葛藤をエディプス・コンプレックス（Oedipus complex）と呼び、男児は、そのような体験を通してものごとを理性的に判断する（エゴの働き）ことができるようになることもあれば、その気持ちをもったことに罪悪感を抱き、自分の行動を律する（スーパーエゴの働き）ようになることもあるという。

彼の理論は、彼の生きた時代の影響を受けて形成されていったといわれ、また、のちの人たちが批判しているように、フロイト自身とその父親、母親との関係が背景にあり、極端な解釈や理論になっているともいわれる。いずれにせよフロイトの理論は、男女を認識することによって人間の性格がつくられていくことを強調し、特にそこで意識される父親と母親の存在、あるいは同性の親の存在などが、性格形成に影響すると考えた。

（2）無意識の働き

精神分析理論による心理支援の鍵となる考え方では、人間の心理的活動は意識されている部分と意識されない部分から成り立っており、意識され、自覚されている部分は心理活動の氷山の一角にすぎないとする。自覚されない大きな領域は本能や抑圧された衝動・感情・記憶などであり、その意識されず、気づかれない無意識の領域は人間の言動に影響を与える。無意識の領域は自覚されないために統制することができず、その心的エネルギーは心身の症状や不適応行動といった表現をとって発散・充足されると考える。

その無意識的な領域の働きを人間が意識化し、理解するためにフロイトが開発したのが、夢や「自由連想（free association）」を活用した精神分析である。精神分析は、夢や自由連想といった理性によって検閲されていない思考の中に、無意識を理解する鍵があると考えたのである。夢の中には、自分の中に無意識に抑圧している問題が出てくると考える。夢を通して自分の内面にもっている問題が象徴的に表現されるとするならば、その夢を分析することで問題を発見し、支援することができるとした。精神分析では、親子関係の中での不快な体験や、その年齢で受けとめることのできない出来事は、無意識の中に抑圧されると考える。それは、無意識の中に埋め込まれて本人は気づかないが、何らかのきっかけを得て人の言動にあらわれる。

ときには、人間は体験したくない、あるいは思い出したくない体験の記憶を抑圧するために多くの心理的エネルギーを使うことがある。誰でも、嫌な体験はなるべく意識の上にのぼらせないようにし、早く忘れようとするが、フロイトは、それを「抑圧」と呼び、抑圧された体験は心理的問題の基になることもあると考えた。

無意識の中に隠してしまったものは、問題が起こらないうちは、本人にも気づかれないままになっている。ところが、問題の引き金となる出来事やきっかけ（結実因子《けつじついんし》）があると、無意識のところにあったものが本人に意識されない形でうごめき、混乱や苦悩をもたらす。私たちを混乱させたり苦しませたりするのは、忘れられ、無意識に抑圧されている体験だと考えたのである。フロイトは、「ヒステリア（hysteria）」と呼ばれる神経症の治療を行っていたが、その治療のプロセスでは、まさにそのような抑圧された記憶が問題だった。子どものときの、記憶に耐えられない体験やショッキングな体験は、自ら思い出さないようにしておいたのだが、成人してから何らかのきっかけで、苦しみの基になると考えたのである。

ヒッチコックの『マーニー』（一九六四年）という映画では、ヒステリア性の盗癖をもつ女主人公の抑圧された記憶を解放する役を恋人が果たすプロセスが描かれているが、精神分析の考え方が映画化されているといわれている。

精神分析では、無意識を意識化し、それを本人が受け入れられるようにしていくことが治療だと考えるので、夢や自由連想の中に出てくること、あるいはその出方を解釈の基本にする。私たちは、どうしてあのような夢を見たのだろうと思うことがあるが、自分が意識していないものが、そこに象徴的に現れたと考えるとつじつまが合うだろう。

フロイトの弟子ユング〔Jung, C. G. 1875～1961〕は、フロイトとは別の理論をうち立てたが、無意識を意識化するために夢を用い、夢や無意識の解明に力を注いだ点では、フロイトと共通性がある。

（3）自由連想による分析

フロイトは、初期の分析で無意識の意識化に夢を活用したが、やがて催眠から自由連想へと方法を変えていった。その理由は、夢を見ない人、覚えていない人がいること。自由連想は誰でもでき、本人が意識していることを通して解釈を共有できるところにメリットがある。私たちも簡単な自由連想をしてみると、自分のことがわかるかもしれない。ごく簡単な例をあげてみよう。「コップ」から始めて「水―魚―釣り―土手―殺人」と進むと仮定する。この連想は、その人独特の体験を象徴しており、独特の意味合いがあるかもしれないことが想像できるだろう。

このように、普通の人では理解できないような連想が出たときに、その人特有の体験が出てくる可能性がある。それはその人の問題を助ける鍵となるかもしれない。一方、たとえば、今の例で「土手」の次に本人は「殺人」と連想しても、それを言わないこともありうる。たとえば、「土手」といったあとことばに詰まったとしよう。「『土手』の次に『殺人』などと言ったら、おかしいと思われるのではないか」と気づき、とっさにことばにすることを避ける場合などである。ところが、それも解釈の材料になる。詰まったということは、抑圧とか抵抗とか防衛を表しているかもしれない。そこに抑圧した何か、問題の要素や鍵になる手がかりがありはしないかと考えるのである。

二重人格の女性を治療していくプロセスがテーマになっているセグペンとクレックレーの著書『私という他人』（原題『イヴの三つの顔』*The Three Faces of Eve* /1983）という本では、精神分析の進め方が描かれている。それは、抵抗とか防衛・抑圧といった心理を、多重人格という形でしか表すことができなかった中年女性の物語である。貞淑《ていしゅく》な妻と、派手な女という二面が時間を分けて出てくるが、これを催眠によって治療していくと、第三の統合された人格が獲得されていく。

フロイトの考えは、つまるところ、自分の中に受け入れられないで抑圧していた部分を受け入れることができるようになれば、別の言い方をすれば、自分の無意識を意識化し洞察が深まれば、問題は解決する、と理解することができるだろう。

（4）遊戯療法・箱庭療法

フロイトの開発した精神分析と無意識の影響を受けた人間の深層心理の追究は、その弟子たちによって発展を遂《と》げ、精神分析の多様な学派の誕生を促し、日本でも知られているユングやアドラーなどの開発した心理支援のアプローチが世界の心理療法の発展に貢献してきた。

ここでは、その中で特に、「遊戯療法《ゆうぎりょうほう》（play therapy）」と「箱庭療法《はこにわりょうほう》（sandplay therapy）」を取り上げておこう。これらの方法は、精神分析が言語・語りを中心としたアプローチであることに比して、非言語的な要素を取り入れたアプローチであり、特に言語表現が十分にできない子どもや非言語表現を活用した大人の心理療法としても活用されている。

遊戯療法は、プレイ・セラピーとも呼ばれ、フロイトの娘アンナ・フロイト〔Freud, A. 1895～1982〕らによって児童精神分析に適用されるようになり、児童心理療法イコール遊戯療法と理解されるほどになっている。今日では、精神分析家だけでなく、多様な理論的バックグラウンドをもったカウンセラーによって、それぞれの立場で広く子どもの心理療法に活用されている。

遊戯療法は、玩具や遊具などを使って、カウンセラーと子どもが一緒に遊びながら話し合い、治療を進めていくもので、個人遊戯療法と集団遊戯療法がある。

遊びの中での自由な自己表現が、発達・成長を促すと考えられており、子どもは、プレイ（遊び）の中で、遊ぶことを楽しむと同時に、自分の感情をありのままに表出し、イメージを広げ、遊びに託して自分の心を象徴的に表現することができる。特に、遊びが妨げられることのない場で、日常生活ではなかなか表現できない怒りや不安などを自由に表現することは、子どもにとってもっとも自然な自己治癒力の発揮につながる。とりわけ、その活動を受けとめ、理解し、見守る大人（カウンセラー）の保護的なかかわりは、発達に必要な社会的な接触のモデルともなり、子どもの外界とのかかわりを広げることに役立つ。

箱庭療法は砂遊び療法とも呼ばれ、遊戯療法の一つであるが、子どもの心理療法に限らず、成人にも効果のある心理療法として活用されている。全体を一望できる大きさの箱（約五七センチ×七二センチ×七センチ）の中に入った砂とミニチュア（人物、動物、植物、建物、乗り物など）を用いて行われる心理療法である。クライエントは、その箱の中にミニチュアを自由に配置することによって自分の内なる世界を表現し、そこに繰り広げられるドラマをカウンセラーと共に体験していくことによって心を癒《いや》していく。

箱庭療法は、言語で表現しえないものや一言では表現できないこと、無意識の世界などを表現することができるという特徴をもつため、大人に活用することも可能である。カウンセラーもクライエントの箱庭表現を心の非言語的動きとして、言語表現と併せて受けとめていくことが重要とされている。

2　キャリア・カウンセリング

精神分析に次いで開発された心理的な支援は、すでに第1章で述べた一九〇九年に北米のパーソンズによって試みられたカウンセリング、現在のキャリア・カウンセリングである。パーソンズの基本的考え方は、第1章でも述べたとおり、職業選択における適材適所の考え方であり、その理論と技法は心理テストの発展によって促進された。そこでこの節では、心理的支援において重要な機能を発揮している心理テストの活用の意味と、その活用を中心に開発された「特性因子理論（trait-and-factor theory）」によるキャリア・カウンセリングについて解説する。さらに、この職業支援が二一世紀のキャリア・カウンセリングへとどのように発展したかを述べる。

（1）パーソナリティ特性の測定

精神分析の理論では、人間のパーソナリティは、イドという性格の基になるエネルギー源からエゴ、スーパーエゴが構造化されて発達し、形成されていくと考えた。一方、心理学における特性因子理論では、人間のパーソナリティは、人の特徴を表すいくつかの特性をもつ因子によって成り立っており、その特性の束がパーソナリティであると考える。また、人間のパーソナリティを形成する特性因子は、心理検査などによって測定でき、それらの特性因子の組み合わせの違いによって、個人のパーソナリティの違いを理解することができる。つまり、特性という一定の行動傾向をパーソナリティ構成の単位と見なし、その組み合わせによってパーソナリティを記述し、説明しようとする理論である。

したがって、個人のパーソナリティの違いは、ある特性の程度の差と考えることになる。たとえば、ある人物を短気だとか積極的だと理解するとき、その人物の短気の傾向がどの程度あるか、積極性がどの程度あるかということを測定し、一般的平均よりその傾向が強いか弱いかを考えるのである。そして、それぞれの傾向が、それぞれの人物にどの程度あるかを、いろいろなテストや観察によって測定する。それを一定の尺度の中に記述することによって、その人のパーソナリティ傾向を明確にし、ほかの人との比較を行う。また、そのようなテストの結果をグラフ化すると、その人物のパーソナリティのプロフィールができあがる。

たとえば、ある性格テストによって、**図3**のようなプロフィールができたとしよう。この人物は、きちょうめんさ、自信の強さで平均より勝り、決断の速さ、運動の敏活《びんかつ》さでは劣ることになる。

＊

しかし、測定すべき特性の種類や数をどの程度にすれば十分かということに関しては、理論家によって異なっていて、一つに決めることは難しい。たとえば、ＭＭＰＩ（ミネソタ多面人格目録）という性格検査は、性格特徴の項目をすべて精神障がいの名で表記する。つまり、誰でも、うつやヒステリーになる傾向をある程度はもっているとして、その程度が強いか弱いかを測定し、その人のパーソナリティの特徴を見ようとする。性格特性を活用したテストは、**図3**にあるような一〇項目前後の特性で測定しようとしているが、項目の内容はさまざまである。

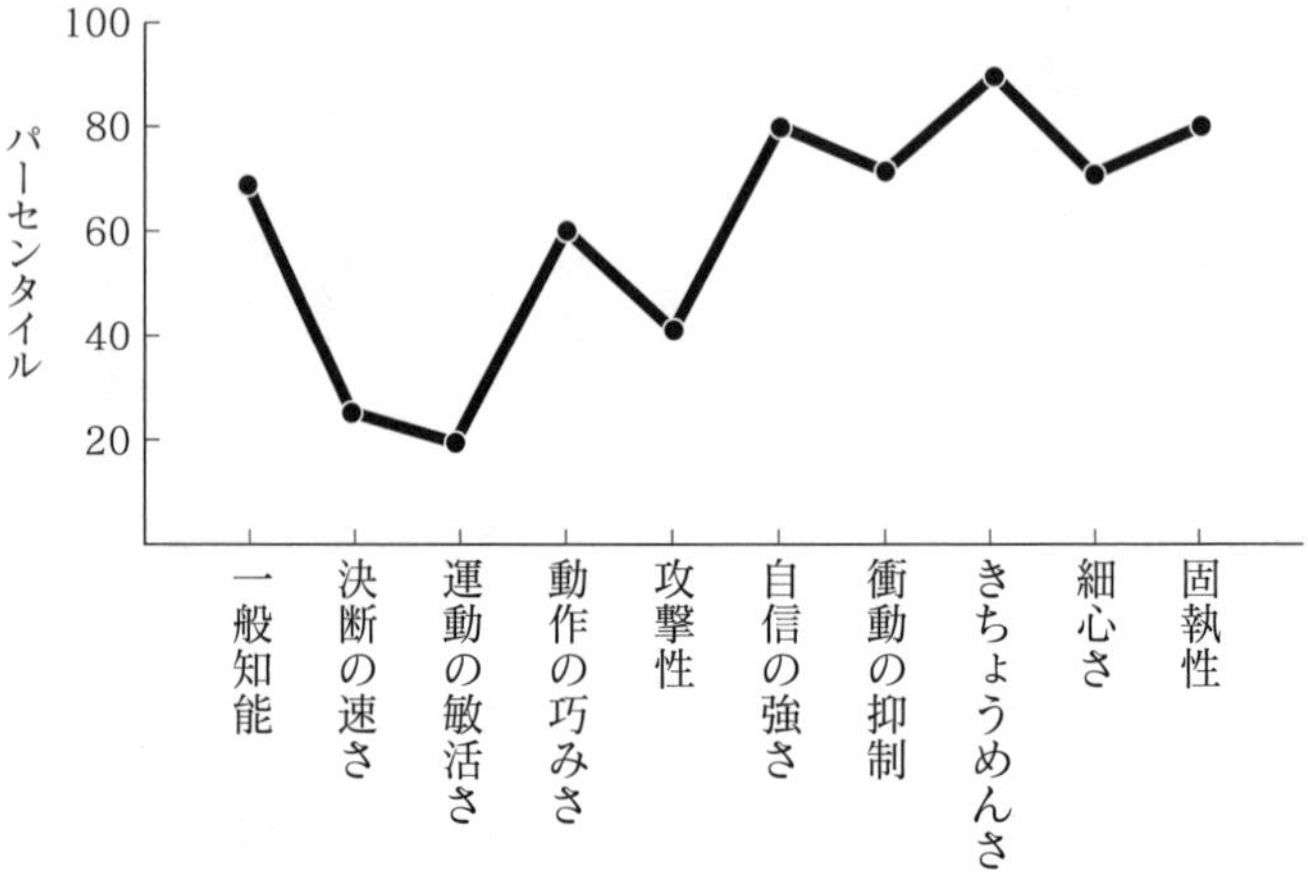

図3 パーソナリティ特性

いずれにしても、特性因子理論は、性格の理解、ひいては人間理解をいくつかの要素から科学的に行おうとする心理学の動きの中で、職業指導の分野で活用されるようになっていった。もちろん、カウンセリングも、この考え方が基になって行われる流派が出てきた。たとえば、進路に関するカウンセリングでは、性格と能力を組み合わせた適性検査の結果、手先が器用で粘り強いけれども、それに比べて理論的に考える力は低いことがわかると、それらの特性をどのように教育・訓練、将来の仕事につなぐかについて考えることが可能になる。

特性因子理論に基づいたカウンセリングは、

① 個人に関するデータ（知能、性格、適性、価値観など）を集める
② データを科学的に分析し総合する
③ その結果、問題や課題などの究明や診断をする
④ ③の診断に基づいて将来の支援を予測する
⑤ カウンセリングや教育・指導を行う
⑥ カウンセリングや指導の結果を追跡し、成果を確かめる

といったプロセスをたどることになる。

特性因子理論に基づくカウンセリングは、資料を収集し、解釈し、見通しを立てて、かかわ

っていくというプロセスをたどるので、性格テストや知能テスト、適性検査などを実施して解釈し、支援のポイントを明らかにすることができる専門性が必要となる。一方、⑤と⑥のカウンセリングの段階では、テストで予測される支援の方向を知っている必要がある。そのために、米国では職業の分析が行われ、『職業タイトル辞典』が作成された。既存の職業分析による特徴、能力・訓練・資格などが説明され、ある職業に就くための準備に役立つよう編集されている。カウンセラーは、それを参考にしながら、進路指導をすることになる。

＊

特性因子理論によるカウンセリングは、専門家がデータを集めて解釈するというところは、精神分析に似ている。精神分析やキャリア・カウンセリングでは、クライエント自身はデータを解釈することができないが、自由連想やテストの結果という形で解釈の材料を出すことで、考える材料がそろう。また、クライエントの生育歴とか家族歴などを分かち合うことも、データの分かち合いを総合したクライエント理解と支援に役立つ。

このカウンセリングは、職業指導運動の流れをくみつつ心理学の成果を生かした科学的・臨床的な方法として結実したという点で、カウンセリングの歴史の中で重要な位置を占めている。とりわけ、特性を宿命的なものと見なさず、もてるものをどう生かすか、誰もが気づかない未発達な特性をどう発見し、成長させるかを考えようとする点で、学校でのキャリア・ガイダンスやキャリア教育に重要な視点を提供している。

一九七〇年代に入って、米国ではウィリアムソン〔Williamson, E. G. 1900～1979〕、ホランド〔Holland, J. L. 1920～2008〕の特性因子理論に次いで、スーパー〔Super, D. E. 1910～1994〕をはじめとするキャリア・カウンセリングの専門家たちによる、クライエントを主体的選択力をもつ人に育てるキャリア・カウンセリングが開発された。一人ひとりの成長を支援する目的は能力などの発見や開発ではなく、職業も含めて人生の岐路に立ったとき、自分を活かして物事を選択する能力の開発という視点からのカウンセリングが進展した。それは、慎重かつ科学的な診断と、専門的かつ協力的な支援とケアによる自己実現の支援であり、開発的自己啓発のカウンセリングと考えられた。

(2) 二一世紀のキャリア・カウンセリング

ところが、二〇世紀末になって世界は、高度情報化の中で適切な情報を得ることが必要になり、同時に予期せぬ地球規模の変動が人々の生活を予測も計画も不可能な危機に直面させることになった。それは、人々が自分の人生を従来のモデルに倣《なら》い、従来の方法で選んで安定を得ることが危うくなったことを意味する。いわば、生涯にわたる安定した職業も生活も危うくなった二一世紀をどう生きるかが課題となったといえるだろう。

そのような時代を前にしてサヴィカス〔Savickas, M. L. 1947～〕は、変動型社会におけるキャリア・カウンセリングは、個人が自己を構成し、生涯設計ができるように支援することだという理論を展開している。

キャリア・カウンセリングは、クライエントの特性を活かしてどの職業を選ぶかという「能力・適性測定中心」の支援から始まり、クライエント自身が自己の人生を生涯発達の歩みとしてとらえて、人生の役割（労働者、家庭人、子ども、学ぶ人、余暇人、市民、その他）をどう連鎖させて生きていくかという「自己選択できる能力開発中心」の支援に移った。そして、今世紀のカウンセリングは、変動の激しい不確実な未来を生きるために、自分の人生を自分でデザインして生きるための「自己創造力の育成」の支援であるとしている。

キャリア・カウンセリングは、人が自分をどのように生かして自分らしい生涯を生きるかの支援であり、職業ではなくライフキャリアと呼ぶべき人生の生き方の支援である。その意味では、カウンセリングとほぼ同義と受けとめることができるだろう。ただ、人が今あげたような七つの人生の役割を自分らしく重ね、連鎖させて生きるためには、職業はその中核ともなり、人生に大きな影響をもたらす。キャリアを強調するカウンセリングでは、能力・適性の測定も、自己選択力の育成も、そして自己創造力の開発もすべてを統合した支援になっていくだろう。

3　来談者中心療法

「来談者中心療法（client-centered therapy）」は、カウンセリング・心理療法の世界に多大な影響力をもちつづけている理論である。創唱者ロジャーズは、専門家がデータを集めて解釈を行う精神分析と特性因子理論に対して、「人間は成長力を内に秘めていて、自分の問題については自分がいちばんよく知っている」とした。そして治癒やケアは、その人の内的リアリティ、つまり体験の中での現実性を大切にすることによってしか成り立たないとして、従来の人間理解は外側からの理解であり、人の内面、内側から理解をしようとしない限り、理解は得られないと考えた。カウンセラーの側が主導権を握って外側から解釈をすることは、危険だとさえ考えていた。

たとえば、「△△の体験をし、つらい」と訴えたクライエントがいたとしよう。精神分析や特性因子理論の立場の支援者は、そのつらさはどの程度なのかに焦点を当て、なぜそのようなつらい体験をすることになったのか原因を探り、問題を特定して対応しようとする。一方、ロジャーズは、どんなふうにつらいのかを相手にそって理解しようとすることを重視する。カウンセリングとは、クライエントがどんなことを、どの程度、どんなふうに受けとめているかを相手の身になって理解することに始まり、クライエントが自分の思いや世界を安心してありのまま語れるようになっていくことであり、そのプロセスをつくることが支援であるとした。

ロジャーズの構築した理論は、クライエントの内的リアリティを理解することを中核に置いて力を尽くすことを重視したので、そのカウンセリングをクライエント中心の支援、「来談者中心療法」と呼んだ。人を、外からレッテルを貼るような見方で理解するのではなく、その人がどのような体験をしているかを内面から理解しようとする点では、自己のうつ病体験を著書にしたビアーズに通じるところがある。ロジャーズにとってカウンセリングとは、クライエントのあるがままの思いを、相手にそってどこまで理解できるかに始まり、来談者のもてる潜在能力を最大限に発揮できるように支援することであった。

そのために、ロジャーズのカウンセリングでは、無条件の積極的関心（unconditional positive regard)、ジェニュイネス（genuiness＝あるがまま)、共感（empathy）の三条件がカウンセラーの基本的態度として重視される。この三条件は、のちにどの理論・技法を活用するカウンセラーの誰にも必要とされるので、考えておきたい。

（1）無条件の積極的関心

これは、「人間への畏敬の気持ち」ともいわれ、人間の尊厳に対する気持ちである。ロジャーズはこれを「尊重（respect)」とか「受容（accept)」、「配慮（caring)」ということばでも表現している。ひと言でいうと、「人を大切にする気持ち」である。人は一人ひとり、唯一無二の自分として生まれ、かけがえのない人生を送っている。それゆえに誰からも、望まない仕打ちを受けることも、後ろ指を指されることもあってはならない。自分の人生の主人公は自分であり、相手もそうであることを大切にする心をもつこと、と理解することができるだろう。

この態度をもたないカウンセラーは、自分の思いどおりにクライエントを動かしたくなったり、自分の価値観や生き方を押しつけたくなったりするかもしれない。逆に、異なった生き方や価値観をもったクライエントに対して違和感をもち、気持ちよくかかわることができなくなる可能性がある。人がそれぞれ違っていて、誰一人同じ人はいないにもかかわらず、互いにつき合い、仲良く生きられるのは、誰もが不完全で弱さをもつゆえに、侵しがたい存在として互いを大切にしようという気持ちがあるからである。

人の不完全さゆえに、人をいとおしく、大切に思うこと、これは完璧や理想を追求しがちな人間には、なかなか難しい。しかし、そのことをベースにしない限り、カウンセラーの仕事は成り立たない。

私たちにとって、人間は大切だが、それはその人間が完全で、間違いを犯さないからではないだろう。むしろ、人間はどうしようもないことをしでかすときもあるけれども、できる限りの力を尽くして互いに助け合って生きている。目の前にいるそのような人を大切だと思う気持ちがあるとき、その人にとって真に助けとなる働きをしたいと思うだろう。日本には、「罪を憎んで人を憎まず」という格言があるが、それに近い態度だろう。

カウンセラーは、来談したクライエントをすぐさま元気にしたり、相手の悩みを自信満々で解決したりする人間ではない。むしろ、真正面から相手の尊厳に向き合い、自分のもてる力でつき合い続けていく。誰にも侵すことができない人間の尊厳を実感しながら、クライエントにかかわることのできる人がカウンセラーということになるだろう。

これは、カウンセラーという専門職に求められる鍵となる特性でもある。米国の資格試験の最終段階では、試験官同士が確認する事項として人間への尊厳にかかわる問いがある。カウンセラーの資格を与えるか否かというとき、試験官は互いに、「あなたの家族やクライエントをこの人に任せることができますか?」と問いかけ、試験官の中に一人でも「任せられない」と答えた人がいた場合、カウンセラーの資格は与えられないという。

「その人に自分の家族やクライエントを預けることができるか?」という問いは、その人が人間の尊厳を認めているかどうかにかかわっており、訓練可能な理論や技術を問うているのではない。そこには、職業倫理や人間観をめぐるカウンセラーの資質の問題までが含まれている。

(2) ジェニュイネス=あるがまま

カウンセラーに必要な第二の条件は、ジェニュイン(genuine)な態度である。genuineは辞書に「純粋の」「正真正銘の」という訳が出ている。ロジャーズは、この態度を「自己一致」とか「真実性」ということばでも表現して、クライエントに対するカウンセラーの純粋で、誠実で、偽りのない態度を重視している。

あえて筆者なりの日本語にすると「本物の」あるいは「邪気のない」という意味に近いのではないか、つまり「邪気のないこと＝本物であること」と受けとめている。「あるがままの自分でいること」という意味と受け取ることができる。カウンセラーは、自分を隠したり、必要以上によく見せたりするのではなく、ありのままで、透明に、構えのない自分でいられるようでありたい、という思いの表現でもある。

日本語では、つつみ隠しのない人を「ザックバランな人」というが、それがジェニュインに近いかもしれない。年齢とか学歴・性別・職業・地位などにとらわれず、自分という人間でいられる態度、と言ってもいい。

私たちは、いつの間にか年齢、地位、性別などにとらわれるようになり、それらに頼ったり、それらを盾にしたりして自分を表現することがある。もしカウンセラーが、カウンセラーという役割や枠組みにとらわれて行動したとしたら、それはカウンセラー的行動ではあっても、カウンセラーの行動ではない。つまり、カウンセラーだからこうしなければならないとか、カウンセラーはこうしてはならないなどという原則に縛られていては、相手と透明感のあるかかわりはできない。カウンセラーはカウンセラーであると同時に、ありのままで相手とつき合えるだけの自然さをもっていることが大切だろう。あるがままでつき合えるということは、欠点が何もないとか完璧であるということではない。むしろ、不完全さや欠点も含めて、自分を知り、その自分を認め、表現できるということである。理想的な自分だから自由で何でもできるのではなく、恥ずかしい思いがあったり、弱さを抱えたりしていても、その自分を受けとめ、ありのままでいられることなのだろう。

① がんばりとあきらめ

もう少しロジャーズの説明を借りて考えていこう。彼は「自己一致」ということを、二つの円を描いて説明している。人間の自己像、あるいは心は、二つの重なった円のようなもので、人間はいつも、理想の自己と現実の自己をもっている。つまり、こうありたい、こうあらねばならぬという理想の自己と、そうではない、あるいはそうはできない現実の自己との二つである。理想の自己と現実の自己が離れすぎて、二つの自己の重なりが少ないと、問題や悩みが生じる。こうありたい、こうあるべきだと思っているのに、現実には、そのようになっている部分が少ないからである（図4の1）。ロジャーズは、クライエントはこのように二つの円の重なりが少ない自己不一致の状態で来談するのであり、カウンセリングの目的は、この二つの重なりを多くしていくことだという。

＊

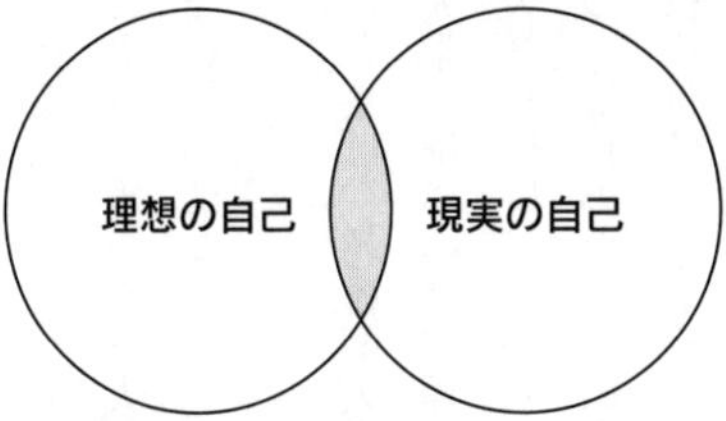

1 理想の自己と現実の自己との重なりが少ない状態

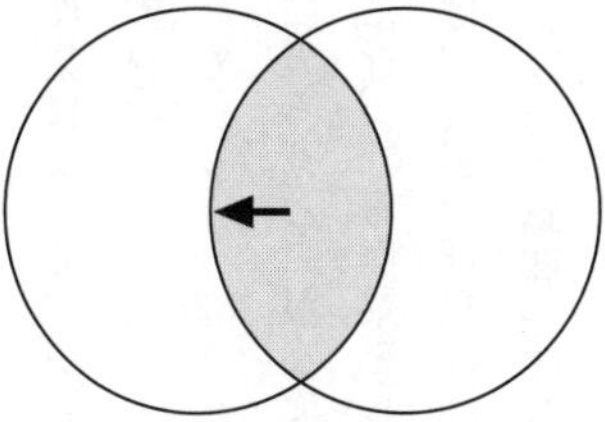

2 現実の自己を理想の自己へ近づけようとがんばる

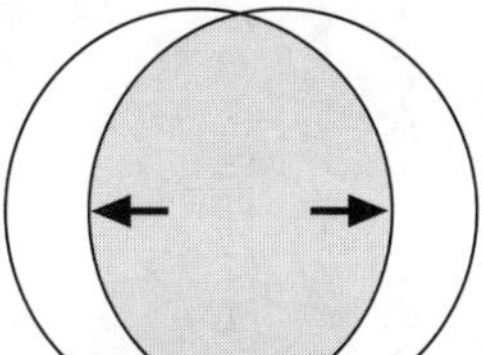

3 現実の自己を認識してあきらめることにより、重なりを大きくする

図4　自己一致

私たちは、幼いころから、しつけや教育の中で理想をもたされ、その理想像に近づくようにと教えられて生きている。青年期までは、高い理想をかかげて、その理想を実現することを課題としながらがんばる（図4の2）。ところが、青年期を過ぎると、人間は、自分を理想に近づけようとするだけでなく、理想を現実に近づける作業も始めるようになる。理想に向かってがんばることで二つの自己の重なりを大きくする方向とは別に、現実を認識してあきらめることにより、重なりを大きくする作業によって、現実と理想の重なりが多くなり、問題や悩みが少ない状態になっていく（図4の3）。

＊

たとえば、超難関大学に絶対に入ろうと二浪までした学生が、三年目には自分の実力に合った大学を選ぶのは、理想を現実に近づける作業をしたことになるし、その逆に、三年目にもその大学を受けて合格したとすれば、現実が理想に近づいたことになる。このように、私たちはいつも毎日の生活の中で、理想と現実の葛藤やずれに出合って生きている。「今日中にこの仕事は片付けて寝よう」と思っていながら、次の日に延ばすこともあれば、思いどおりに仕事が運んで満足感を味わうこともある。私たちの一生は、理想と現実のずれの認識と、それを重ねようとする作業のくり返しだと言ってよい。

私たちの現実の自己像は、理想のそれとは一致しないで、ずれているのが普通で、ただ、そのずれが著しく大きくないところに、人間の生き甲斐がある。ずれが大きすぎると、悩みや苦しみの基になるものの、少しずれていることは、努力する目標があることで、あきらめる余地も残されていることでもある。ずれは葛藤の基だが、一方では余裕であるともいえる。

それでは、二つの円がまったく重なる状態はないだろうか。二つの円が完全に重なる極端な二つの場合を考えてみよう。

一つは、自己が理想どおりになっている場合である。たゆまぬ理想追求の結果、完璧なまでに自己が磨きあげられた状態ということになるだろうか。もしこうなった場合、円の重なりを維持するために刻苦《こっく》勉励《べんれい》しつづけなければならない。それでは息切れしそうになるだろう。

もう一つの場合は、現実に理想を完全に重ねてしまうことである。現実の自分はこうなのだから、がんばっても仕方ないとあきらめて現実に居直ってしまえば、円は重なる。このようにして理想を現実に重ねてしまえば、ずれがないので何もする必要がなくなり、楽かもしれないが、何の進歩もないということになる。

現実の人間は、理想と現実との少しのずれの中で、努力したり、迷ったり、あきらめたりして、身の丈に合った自分を生きようとしているのがありのままの姿ではないだろうか。

②　自己一致

ロジャーズの言う自己一致とは、理想と現実の自己が一致することではなく、一致していないことをそのまま受けとめることである。換言すると、自分の姿を理想に近づけようとする一方で、理想を自分の現実と突き合わせてみることでもあり、その働きを一つひとつていねいに追っていくことである、その姿がジェニュイン（偽りのない）だといえるだろう。自分のやりたいと思ったことができることで感じられる充実感と同時に、自分に不可能なことをやらないと決断することで得られるさっぱりした気持ち、それは対人関係の中で特に重要になってくる。カウンセラーの本領が発揮されるのは、自分がなりたくてもなれない、やりたくてもやれないときにそれを素直に認め、一方でやりたいこと、やらなければならないことに取り組んでいるときなのではないだろうか。

完璧だからクライエントに対応できるのではなく　不完全さをしっかり受けとめているから対応できる。そんなカウンセラーでありたいものである。カウンセラーは、その意味で「自分とうまくつき合うことができている人」ともいえるだろう。

（3）共感と共感的理解

カウンセラーの第三の基本的態度は、共感しようとする姿勢であり、それを基にしてクライエントを理解していくことである。ロジャーズは、カウンセリングの第一歩は、共感的理解に始まると述べ、それは、「相手の内側から相手をとらえよう」とすることであり、頭で相手について理解することでも、相手の気持ちに取り込まれて理解することでもないことを強調した。

共感とは、「あたかも相手になったように」相手の気持ちや思いを理解することであり、「あたかも……のように」の性質を失わないことが大切だとした。

共感するには、カウンセラーが自分の解釈や判断を停止して、相手の内面の動きと共に動き、内面の世界をあたかも自分自身のものであるかのように感じ取ろうとしていくことが求められる。その理解をことばにして伝えることが共感的理解である。

① 同感との違い

共感（empathy）は、類似語の同感・同情（sympathy）とは区別される。

同感・同情は、相手の感情や心情を、一緒に同じように感じることであり、自他の感情が一体化して区別がついていないこととも いえる。

たとえば、オリンピックで金メダルをとった選手のファン同士が手を取り合って喜ぶことは同感であろう。あるいは、親しい友人が「母親が亡くなった」と言って涙を流したとき、自分の母親が亡くなったときと同じように感じて泣くのは同情であろう。母親の死を体験した者同士が共に悲しみを分かち合っている状態である。同じ立場にいる者同士は、同じような気持ちを抱き、その感じを分かち合うことで強力な支えを得ることになる。

しかし、同感・同情は仲間意識を得ることはできても、支援にはならない可能性がある。とりわけ、苦悩や失意を感じている人がことばや涙で伝えている思いや気持ちは、その人独特のものであり、周囲の人が自分の悲しみや失意を重ねてしまうと、その人の感じをそのまま受けとることはできなくなる。

寒い冬の日に、川の中で藍染《あいぞ》めの反物をさらしている人がいる。川の中まで入ってその人に「冷たいね」と言う人は同感している。一方、川の中には入っていないが、川の中の人とことばを交わしながら、その人のしぐさや顔つきをじっと見つめているうちに冷たさを実感したように受けとめて、心から「冷たいでしょうね」と伝えている人は、共感している。

相手の感じ方が、相手の気持ちにそって、あたかもその人であるかのようにわかることが共感であり、その能力こそが、カウンセラーに求められるのである。

カウンセリングで共感が必要なのは、支援する人が同じ気持ちになってしまい、感情に巻き込まれていては、専門職としての支援はできなくなるからである。同感ではない共感的理解が基盤になって初めて、相手に寄りそいながら、かつ冷静さを保って支援することができる。

② 頭で理解すること

逆に、共感はおろか同感もしていない反応もある。

たとえば、友人があなたに「電車の中で、前に座っていた二人の高校生が私の方を見て噂話《うわさ》をしていたようで、私がいかにダメかと悪口を言っていて、苦しくてたまらなくなった」と言ったとしよう。あなたは友人に、「そんなこと、気にすることないよ」と伝えた。相手の苦しみを和らげようとしたり、「事実かどうかもわからないことを想像して悩むのは徒労だ」と論理的に伝えたかったりしているのかもしれない。だが、友人は「気にしてもしかたがないことを気にして、気持ちがふさいだ」ことをわかってほしかったので、気にする自分はダメと言われたように感じて、さらに落ち込んでしまった。あなたの善意と理性的な反応は、思いをそのまま理解してほしかった友人には援《たす》けにはならなかったことになる。共感を伴わない反応は、無駄な助言になることも少なくない。

登校しようと前の晩には決心するにもかかわらず、朝になると行けなくなってしまう不登校の子どもに向かって、登校すべきと説得する父母、シンナーが悪いことはわかっていて、やめようと思ってもやめられない子どもに、シンナーがいかに身体に悪く、やめる必要があるかを一方的に伝える教師などは、一般論と持論で自分の論理と立場を守りながら相手を援けているつもり、という典型例であろう。相手の問題や苦悩について頭だけで理解して伝える助言は、相手を理解した支援にはならない。「今・ここにいる」相手に寄り添った支援というよりは、むしろ先入観と理屈による押しつけになる。

＊

支援を求めている人の多くは、自分のありのままの思いや気持ちをわかってもらえないことで傷ついており、話したいことがたくさんある。わかってもらえなかった思いはあふれ、混乱、苦悩、葛藤、苛立《いらだ》ち、無力感などをもたらし、心理的消耗に陥ってもいる。そして、多くの場合、カウンセラーは来談者のそれまでの理解されなかった思いをその人の身になって理解する人になることが多い。

筆者は、初めてこのロジャーズの理論に出合ったとき、「人間はわかってもらいたい欲求が強い存在で、他者に理解されたときに初めてありのままの自己を確かめ、そこから新たな自己を成長させ、自分を大切にすることができるのだろう。それは非常に大切な視点だ」と思った。

*

ロジャーズは、三つのカウンセラーの態度を、支援における「必要にして十分な条件」として理論化し、その実現のプロセス自体が、同時に心理的支援のプロセスでもあると考えた。来談者の内的なリアリティを理解しようとすることで、結果的に、精神分析における無意識・抑圧の解放・理解につながったり、特性因子理論における自己の特性・能力の発見・理解に役立ったりすることもあるだろう。

これまで述べた三つの支援理論の共通点は、個人を無意識、特性、内的リアリティといった内面から理解することによって支援を進めるところである。ところが、人々のすべての問題や躓《つまず》きが内面からだけの支援で解決するわけではない。たとえば、子どもは自己の内面を探る能力やそれを語ることばを十分もっているわけではない。また、自己の内面を意識化したり洞察したりするのが不得意な大人もいる。

そのような状況の中で、クライエントの過去や人格特性、「今・ここ」の思いなどではなく、現在の生活場面に焦点を当て、具体的な行動の変容を支援する方法として開発されたのが行動療法である。

4 行動療法

行動療法（behavior therapy）は、心理学の客観主義、科学主義を主張して、二〇世紀の心理学に大きな転換をもたらした行動主義心理学に立脚して、一九六〇年代に開発されたアプローチである。現在は、単一理論という枠組みを超えて発展し、このアプローチは、適用対象も拡大の一途をたどり、心理臨床理論の底流になっている。

（1）行動主義心理学と行動療法

行動療法の基礎となっている行動主義心理学とは、人間の心理学的研究の対象を意識や内省といった見えないものにするのではなく、観察可能な行動に限定し、客観的・科学的な方法で研究すべきだという主張を中心に展開された心理学理論である。人間は何かの刺激を受けると考えたり、思ったり、感じたりするが、その反応は行動で表現される。行動は観察でき、観察できることは測定することもできるので、科学的に研究することができる。

また、人間は環境の刺激に対して生物学的に複雑な反応をしながら行動し、その行動から得られた経験を習慣化し、構造化して一定の行動様式をつくりあげる。人は適応行動も問題行動も環境の刺激と自己の反応によって学習するのであり、これは刺激と反応の理論とも呼ばれる。

行動療法は、一九一〇年代から一九五〇年代に広がった行動主義心理学の発展を基にして、アイゼンク〔Eysenck, H.J. 1916〜1997〕がその著書『行動療法と神経症』〈*Behaviour Therapy and the Neuroses* /1960〉で紹介して以来、その名と理論が世界に広がっていった。その科学性を重視する理論と方法は、多くの心理臨床家の実践と研究の蓄積によって洗練された技法とプログラムとして体系化され、心理的支援の一翼を担っている。

加えて、行動療法には他の多様な理論モデルから援用できる考え方や技法が取り入れられ、単一理論というよりは総合的な支援法として、心理支援のみならず適用対象も拡大を続けている。たとえば、適切な行動や方法を学習する必要がある育児や教育、また、喫煙や肥満、夜更かしなどの習慣行動の予防や矯正などにも有効な支援法となっている。

行動療法の中心となる考え方では、問題行動や悩み、症状などは学習の結果だとする。支援には、まず、その問題行動がどのような刺激によって起こっているか、換言すれば、その人がどのような環境に対してどのような反応をする学習をしているかを理解する。そして、問題となっている行動や環境を変えるために、新たな行動の学習をすることになる。行動変容の支援にあたって、行動療法家は、問題となる行動をめぐる情報を収集し、その資料を分析・総合して変化のためのプログラムをつくり、それぞれの問題に適した技法を活用して行動変容の支援をしていく。プログラムを実施しながらクライエントの進捗《しんちょく》状況に応じて方法や技法を変え、柔軟に対応していくことになる。

ここでは多様な技法とプログラム体系をすべて紹介することはできないので、典型的な方法の一つを取り上げ、行動療法の特徴を理解する一助にしたい。

（2）「系統的脱感作」という支援法

行動療法の技法と進め方、内容などは、行動療法独自の専門用語で呼ばれている。ここでは、その一技法である系統的脱感作《けいとうてきだつかんさ》（法《ほう》）を取り上げる。この技法の意味は、「系統的に徐々に、ある行動を消去したり、学習させたりする方法」ということである。

たとえば、「エレベーターに乗るのが怖くて乗れない」という人が、「高い建物が増え、どこに行ってもエレベーターに乗らなくてはならないので、どうにかしてエレベーターに乗れるようになりたい」という相談をしたとしよう。行動療法では、「エレベーターに乗れるようになる」という目標を立て、治療のプログラムが立てられる。

そのためには、まず、その人がエレベーターについてどのような体験をもっているか、つまりどのような悪い学習をしてきたかを尋ねる。次に、そうした非効果的学習を効果的学習に変える系統的プログラムを準備する。

たとえば、プログラムの初めに「それでは、エレベーターに乗っているイメージを描いてみましょう。はい、今あなたはエレベーターの前に立っていますよ」というように、イメージの中でエレベーターに乗る体験をしてみる。イメージの段階でも、エレベーターが怖い人の中には、カウンセラーが「はい、ドアが閉まりました。昇ります」と言っただけで、実際、胸がどきどきして、「怖い」という感情をもつこともある。しかし、イメージの中であれば怖いという感情をもっても実際には安全なわけなので、その体験で安全感を味わいながら、少しずつ怖さを鎮めていく。

系統的脱感作は、階段を一段一段上がるように支援していくことなので、まず、イメージで慣れてから、次に実際にエレベーターの前に立っていろいろな人が昇ったり降りたりするのを観察し、次に「先生が付いているので大丈夫だから一階だけ上がろう」と促し、それで死ぬほどの思いをしても、一回できたら「ほら、できたよ」と、できたことを支持、強化する。行動による学習は身体で体験し、くり返すことで身体が覚え、強化されるので、子どもが新しい言動を身につけるように、適応的な行動への変化が起こる。この要素を活用して、「はい、一階上がれた。明日は三階まで上がってみよう」などと、くり返しを含めた成功体験を積み重ね、新たな行動の学習を進めていくのである。

行動療法では、問題に応じてさまざまな技法が開発されており、クライエントの問題行動の変化を、その人の状況、問題、内容に応じて細やかに分析し、段階的に練習しながら促進する。ときには、ある行動の練習を宿題にするなど、現実の生活の中での練習などを含めて、クライエントの状況と変化に応じて方法を工夫し、新しい言動が身につくまで続けられる。

＊

行動療法は、具体的な言動の変容を支援の目的とするという点では、イメージや内省などことばによる表現が得意でない子どもや、考えたり話したりすることが苦手な人には特に有効である。実践するにあたって支援者には、行動療法の知識と技法の熟達と同時に、クライエント一人ひとりへの共感と細やかな配慮に富んだことばかけが必須となる。

この支援の中では、キャリア・カウンセリングの特性因子理論で重視された個人のパーソナリティなどは考慮の対象にはならず、客観的に問題を観察して問題の特徴を見きわめ、特定の問題に応じた支援技法を活用するところは共通である。

現在、行動療法は、心理療法の世界における多様なアプローチの開発、実践と研究の進展の中で、人間の行動・心理・生理の相互作用の視点からの総合的なアプローチとして、世界で認められ、発展している。また、逆に、行動療法の知見を取り入れた統合的なアプローチも開発されている。

次に述べる認知行動療法は、二一世紀に入って世界で注目を集めて広く活用されている、行動療法の知見を活用した統合的アプローチの一つである。

5　認知行動療法

認知行動療法（CBT＝cognitive-behavior therapy）は、前節で述べた一九六〇年代に開発された行動療法と、一九七〇年代に盛んになった認知療法（cognitive therapy）の理論・技法が統合されたアプローチである。心理療法の理論・技法の統合については、この章の9節で詳しく述べるが、その一種として、行動療法と認知療法を統合した理論と技法がある。治療効果が明確で、治療期間が短期でありながら心身の総合的な変化が得られ、うつ病や不安障害などの疾患や症状に有効であることから、一九九〇年代に入って急速に関心が高まり、大脳生理学と情報処理理論の知見なども取り入れられて、心身への統合的なアプローチとして急速に広まっている。その理論と方法は、カウンセラー、精神科医、心療内科医、社会福祉士、看護師などの行う支援としてだけでなく、人々の日常生活でも活用されている。

（1）認知療法とは

認知療法は、認知心理学の発展を強く受けて開発された心理支援であり、人間の認知に働きかけ、その変化を支援する方法として実施され、当初は行動療法とは異なった支援法とされていた。

認知療法の基礎には、人の気分や行動は認知（ものごとの受け取り方、考え方）によって影響を受けるという理論がある。つまり、人の悩みや問題は、環境や状況そのものによって引き起こされるのではなく、人がそれをどのように受けとめるかによって生じると考える。

そうであるならば、問題や症状は認知を変えることで解決することになる。したがって、支援では、問題や症状を引き起こしたものの見方や考え方を修正して問題に対処することにより、症状や行動を改善することをめざす。

認知療法の母体となったのは、エリス〔Ellis, A. 1913〜2007〕の論理情動療法（rational-emotive therapy）、ベック〔Beck, A.T. 1921〜〕の認知療法（cognitive therapy）、マイケンバウム〔Meichenbaum, D. 1940〜〕の自己教示法（self-instructional training）などである。それらに共通しているのは、認知が症状を誘発するという発想、症状や問題を認知の視点から理解すること、そして認知の変化を治療目標にすることである。

つまり、支援では、苦しみや悩みの基となる「考え方のくせ」あるいは「認知の誤り」ともいえる考え方の図式（スキーマと呼ぶ）を取り上げる。それを、エリスは「非合理的思い込み」、ベックは「自動思考」、マイケンバウムは「内言《ないげん》＝自分自身への教示」と呼び、それが我々の思考、感情、行動に影響すると考えた。

①「考え方のくせ」・「認知の誤り」に注目する

たとえば、対人恐怖症を例にとって考えてみよう。

対人恐怖の人は、「人前で愚かなことをするのではないか」「不適切なことをして批判されるのではないか」「自分はよく思われないのではないか」などと考える傾向がある。そのため、人の目を気にして、人と一緒にいることを怖れ、同時に、その傾向は自分にも向けられ、自らも自分の言動を厳しく批判し、細部にわたって欠点に注意を向けている。知らない人や大勢の人前には出たくないので、社交的な状況を避ける。出なければならない場面では、強い恐怖と不安に耐えている。いわば、自分を「ダメ人間」として自己批判しながら、他者の批判も同じではないかと怖れている。

そのような症状をもつ人には、「考え方のくせ」「認知の誤り」があると考えられる。それらは、「自分は何一つましなことができない」「人に好かれないと、人と一緒に生きていけない」「完璧でなければ、人から受け入れられない」など、自動的に浮かんでくる観念であり、このような考え方のくせは、さまざまな場面で出てきて、そのたびに強化される。たとえば、会食をしているとき、うまく話せなかったりすると、「失敗した、変な人だと思われたのではないか、やはり自分はダメだ」となり、ますますその考え方は強固になる。

誰でも、なるべく多くの人に好かれたいし、よく思われたいと願うものだが、それが「完璧でないと好かれない」となると、現実的ではなく、まさに「認知の誤り」にもなり、それによって身動きが取れなくなる。

②「認知のくせ」を変える

そこで、認知療法では、そのような自動思考や自分自身に言い聞かせている教えや考え方のくせが非現実的であり、それゆえに悩みや問題を引き起こしていることを理解し、変えることに挑戦する。

すべての人に好かれようとしているとき、もしAさんが「ハキハキものを言う人は苦手だ」と言い、Bさんは「ぐずぐずしてはっきりものを言わない人は嫌いだ」と言ったら、どうするか。AさんとBさんの前で、どうしたらいいかわからなくなるのではないだろうか。「すべての人に好かれなければならない」という考え方は、自分の言動を不自由にし、不安や恐怖を起こす基になっている可能性がある。「すべての人に好かれることはありえないし、不可能である」と気づき、それをあきらめると、自分らしく動くしかないと思えるようになり、対人恐怖はなくなる可能性がある。

＊

人にはそれぞれ、生まれ育った環境や人々とのつき合いの中で教えられ、活用してきたものの見方や物事の進め方がある。たとえば「人には好かれなければならない」とか、「思いどおりにものごとが進まないのは、致命的なことだ」などである。その考え方は、それまで生きてきた社会では役に立ち、必要だったかもしれない。同じような考え方をしている家族や学校や組織、地域社会では、それが当たり前で、通用するだろう。しかし、それが自分の言動を見張る大原則になって、すべての言動に無意識のうちに適用されるようになると、症状や悩みとして表面化する。誰からも好かれようとしたり、完璧をめざしたりすることは不可能にもかかわらず、それを実現しようとしている無理を、心身の異常が知らせてくれる。

カウンセラーの役割は、本人が気づかない思い込みや自動的に従っているものの見方を発見し、その考え方を現実的なものに変える手伝いをすることである。

それらの中では、「理屈ではわかっているけれども、やめられない」ことについて、積極的、能動的に話し合うことが重要である。考え方の非合理性と非現実性を理解するだけでなく、それが本人らしさを阻害し、身動きできなくなっていることを納得し、その人らしく生きる考え方を探る必要がある。さらに、頭で合理的に理解するために読書を勧めたり、身体で覚えるための具体的行動の宿題を出したりして、本人が身をもってそれを習得し、自己破滅的にならないような人生哲学の再教育をすることもある。たとえば、細かいことまで気になり、欠点や失敗が気になって身動きできなくなっているクライエントに、父母に教え込まれた完璧主義の人生観を変えて、そのクライエントに合った、人間的で実現可能な新しい人生観を獲得できるようにする。
その方法については、以下の認知行動療法で述べる。

（2）認知行動療法の視点と進め方

① 認知行動療法の視点

行動療法と認知療法を実践していた人たちは、実践の中で行動が変われば認知が変わり、認知が変われば行動が変わることがわかり、行動と認知は相互にゆるやかにつながっていることがわかってきた。さらに、いずれかが変われば感情や生理的な変化も起こることが判明した。

たとえば、ある会社員が仕事上のことで課長と感情的な言い合いをして、その言い合いが課長からの評価を下げたと思い込んだ。会社員の身体はこわばり、気分が落ち込み、黙ってその場を立ち去った。この会社員の状況は、認知・行動・感情・生理が**図5**のように連鎖しているととらえることができる。

さらに、もし、この会社員が自分の評価が悪くなると思い込み、翌日、課長と顔を合わせるのを避けると、その思い込みと行動によって四つの反応の悪循環が始まることも予測される。

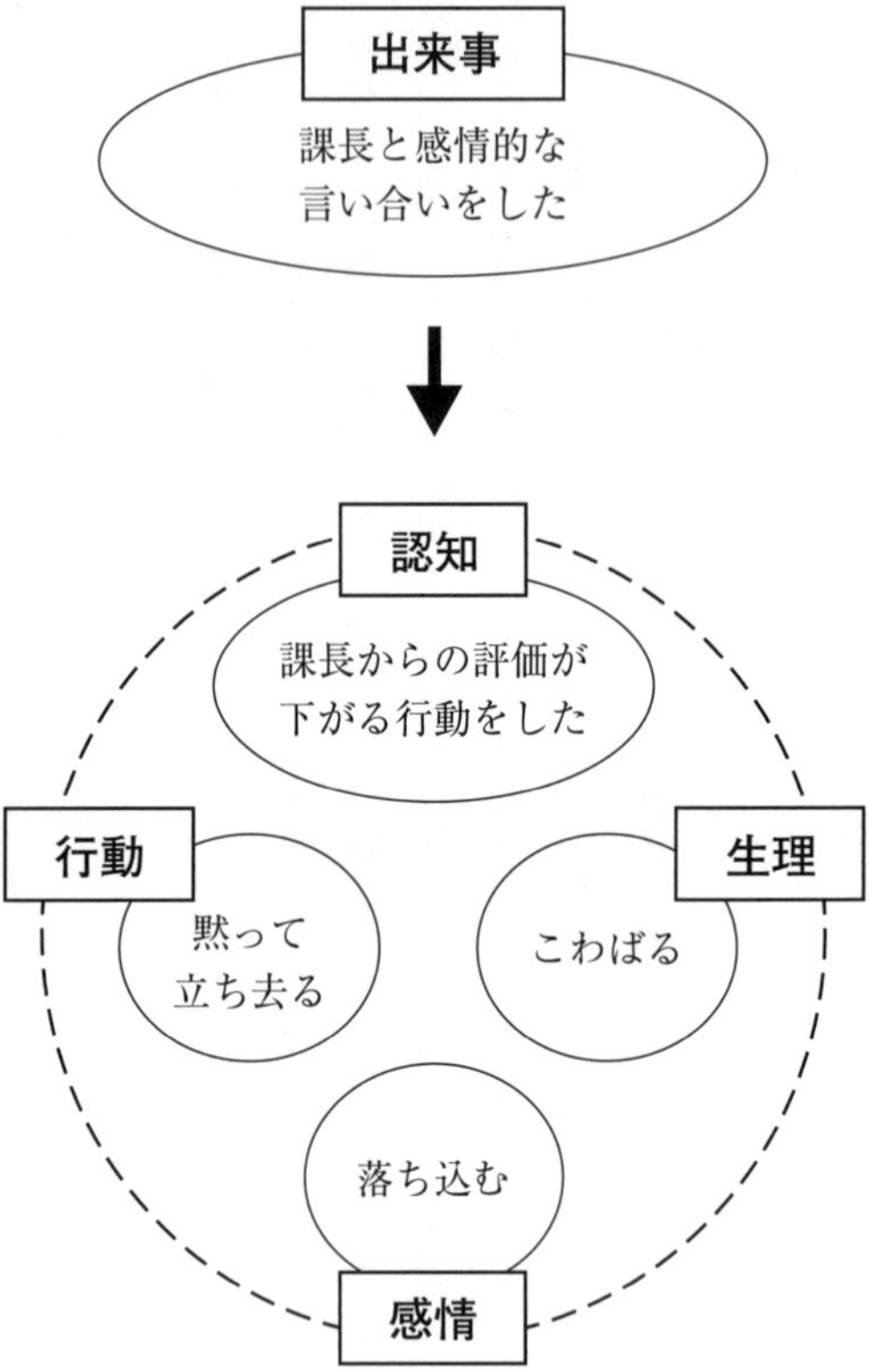

図5　認知、生理、感情、行動の連鎖

② 認知行動療法の進め方

認知行動療法による支援は、それぞれの症状や問題に合わせて工夫され、実施されるが、およそ三つの段階をたどって進められる。

最初の段階は、どの心理支援にもあるように、クライエントの症状や問題とその影響やつらさ、それをどうしたいかをカウンセラーが共感的に聴き、受容する。共感・受容されることで、クライエントの緊張がほぐれ、安心して自分の状況をよりくわしく、具体的に語るようになる。クライエントが困っていることを気楽に話せるようになり、問題が共有できると、カウンセラーは、徐々に、クライエントの苦しみや落ち込みが認知行動療法で支援できるかを判断するための問いかけをしていく。

その問いかけは、「きっかけとなる出来事」について、「どんな気持ちだったか」「そのときどんな考え方が浮かんだか」「その結果、どんなことが起こると思ったか」などである。先の会社員の場合は、「感情的な言い合い」とはどんなものだったのかをできるだけくわしく話してもらい、そのときの気持ち、考えたこと、想像したこと、イメージなどが語られる。クライエントは気づいていないが、カウンセラーにはその中に思い込みや認知のくせが入っていることがわかってくる。会社員の例では、「評価が下がるに違いない」という考え方である。また、結果として起こることについて問いかけると、考え方や思い込みから導かれるさまざまなことが語られる。たとえば、落ち込んでいる感情、その場を黙って立ち去る行動、胸の動悸《どうき》などである。

カウンセラーは、クライエントの認知・行動・感情・生理の連鎖の情報をくわしく得ることで、それらの情報を整理し、支援の方向や方法の仮説を立てる作業をしていくが、一方、クライエントは自分の「当たり前」の自動思考や結果として起こった感情や行動の連鎖を理解しているわけではない。カウンセラーは、たとえば、「何が落ち込む原因だったのですか?」とか、「そのとき、どんなことが評価を下げたと思ったのですか?」「どんなふうに考えると、落ち込まないようになるでしょうか?」などと問いかけていく。するとクライエントは、あらためて、自分の気持ちや行動の基になっていることについて考えてみようとすることになり、感情と考え方の関係に気づいていく。

あるいは、カウンセラーが、クライエントの日ごろの上司との関係や上司のものごとのすすめ方や態度などを問いかけたりすることで、その会社員が上司の役割をどう見ているかを探ると、それが「人を評価する役割をもった人」であることがわかる。そこから見ると「自分の言動は失敗」であり、「それは評価を下げた」と認知する結果になり、その認知が「身体のこわばり」「落ち込み」「黙って立ち去る」などを招いたことに気づくことになる。

この第一段階で、クライエントはさまざまな体験を語ることにより、感情、行動、認知、生理の関係に関心を向け、認知と感情と行動を区別してとらえることができるようになる。カウンセラーは、支援のテーマと悪循環をよい循環に変える方向性について仮説を立てる。

支援の第二段階は、クライエントの認知・感情・行動のパターンの特徴を明確にすることである。カウンセラーは、第一段階で立てた仮説を確かめるために、これまでのクライエントの経験や話し合いを、思い込みや類似した言動のパターンに照らし合わせて分析し、クライエントの認知を明確にする。次に、認知の歪《ゆが》みを変えるための支援法を選び、同時に行動を変える試みをする。つまり、認知と行動の悪循環をよい循環に変える試みをくり返す。

*

悪循環を変えるために認知の変化を試みる場合は、クライエントが「当たり前」とか「当然」と思い、深く検討したことがないようなことについて、共にその影響を話し合い、クライエント自らも認知と行動と感情の悪循環の現実を認め、日常生活の中で認知のくせや思い込みを意識できるようにする。たとえば、この会社員には、「上司と言い合いをするような部下は上司の心証を害し、上司から嫌われるだろう」とか「あんな言い方をした自分の評価は下がるに違いない」という思い込みについて、実際、上司を観察したり、同僚と話してみたりするよう宿題を出すこともある。

クライエントの特徴や好みによっては、行動の変化をうながすことによって悪循環を止める支援をすることもできる。たとえば、悪循環を変えるためにどんな行動ができるかをカウンセラーと話し合い、取ってみたい行動を練習し、自分にできそうであればそれを試してみる。これは先に行動療法で紹介した方法であるが、会社員の「黙って立ち去る」とか「翌日顔を合わせるのを避ける」といった消極的行動をほんの少し積極的な行動にしてみることは、行動を活性化することに役立つ。

カウンセラーは、クライエントの動きが日ごろより消極的になったり、卑屈になったり、意図的に課長を避けたりするのではなく、慎重に、段階的に、仕事場での日ごろの言動を取り戻すよう支援をしていく。以下のように、先輩の何気ない行動療法的助言が後輩の思い込みを変えることもある。

会社員が、その日、落ち込んで先輩にその話をしたところ、先輩は、「それは君の勝手な想像だよ。課長はそんな人じゃないよ。悪いことは言わないから、明日の朝、課長に会ったら明るい声で『おはよう!』と挨拶《あいさつ》するんだよ」と助言した。会社員は、「そんなこと言われても……」と思いながらも、翌朝、上司に、笑顔で「おはようございます」と挨拶した。上司は「やあ、おはよう」と応え、「昨日は貴重な意見を聞かせてくれてありがとう。またよろしく」と返してくれた。会社員は、また上司と話してみる気になり、気分も行動も軽くなり、上司の見方も変わった。行動することで自分の上司に対する思い込みを変え、認知と行動の悪循環から逃れることができたということになる。

もし、上司に対して最初に取ったような行動がくり返され、職場における気分も行動も消極的、回避的になるようであれば、認知行動療法が援《たす》けになるだろう。

＊

認知行動療法は、恐怖症や不安障害にも有効である。たとえば、エレベーター恐怖症の人は、「エレベーターは自分を恐怖に陥れる乗り物だ」とか「エレベーターに乗って、息切れやめまいなどを起こして、失神したらどうしよう」と考え、自分の身体反応を過大評価して、自分の行動を制限する。カウンセラーはそのような症状は、運動するときにも、見慣れぬ状況に出会ったときにも起こりうることであることを客観的に分析し、それが誤解であり、誰もが起こす正常な反応であること、命にかかわるようなものではないことを理解するようにうながしていくことができる。それで気持ちが安定すると、先に行動療法で取り上げた例のように、段階を追って練習し、慣れていくことによって、不安に襲われることなく、エレベーターに乗れるようになる。

また、「誰でも乗っているエレベーターに乗れない自分は不適応者だ」とか、「こんなことでくよくよ悩んでいる自分はダメだ」などと自分を認知し、悩んでいる場合もあるだろう。つまり、悩んでいることをさらに悩むという悪循環に陥り、出口が見えなくなる状態である。そんなときは、まず、心配しない人はいないこと、誰もがする心配を悪いと決めつけて心配することと自体、認知の悪循環に陥ることを理解するよう援ける。次に、その悪循環から脱するために、心配したり、頭を使い続けることをやめ、注意を外に向けたり、身体を動かしたり、呼吸法を実践したり、音楽や映画を鑑賞したりする。つまり、心配事が浮かんだときは、心配をなくそうと頭を使うことをやめて、必要な準備だけはして、それ以上のことができないことがわかったら、平常心に戻れるようにする。

それは、腹痛があったとき、心配するだけでなく鎮痛剤を飲む行動をすると痛みが治まり、動けるようになり、動けると気持ちが晴れて、問題を探る気持ちになり、さらに腹痛への対処を考えたり、そのために動いたりできるようになるという過程と同様の、認知・生理・行動・感情のよい循環の始まりである。

*

第三段階は、それまで支援を受けながらやってきた作業がクライエント自身でできるようになり、自分に自信がつくまで支援していく段階である。面接の頻度を減らし、間隔をあけて、再発が見られないことが確かめられたら、終結となる。

*

認知行動療法の支援の鍵は、認知、感情、行動、そして生理は、相互に作用し合っている統一したまとまりであり、ある部分の変化は、それがどの部分の変化であれ、他の部分の変化につながって、循環的におよんでいくというところである。認知行動療法がうつ病と不安障害に有効だとされるのは、その症状と病態の維持や悪循環に、認知の歪みと消極的な行動がかかわっているので、そのいずれかを変えようとするところにある。認知と行動は、感情や生理とくらべて自分の意志で変えることができるため、そのいずれかに焦点を絞って変化を起こすと、感情と生理の変化がもたらされるのである。

6　家族カウンセリング（システミック・アプローチ）

家族カウンセリング（または家族療法＝family therapy）は、一九五〇年代の半ばごろ米国で誕生し、一九七〇年代には心理療法の世界を席巻するのではないかといわれるほど心理支援の考え方に大きな影響を与えた。その理由は、個人の支援を中心とする心理療法に加えて、家族合同面接という支援法が開発されたこと、さらに、個人の問題や症状は個人だけの問題ではなく、家族メンバーの相互作用や関係の問題でもあることを明確にしたことによる。簡単に言うと、個人が訴え、あるいは個人の問題だとされている症状や言動の支援には、その人だけでなく、家族全体、そして個人・家族を取り巻く人々との関係への支援も必要だということになった。

それは、個人の問題は家族の問題だという意味ではない。人間は一人で生きているのではなく、関係の中で生きているので、その現実から問題を見直すと、問題が個人の内面や行動、あるいは誰かの影響のせいだけで起きているのではなく、個人と他の人々との関係のところでも起こっていることがわかったのである。家族療法が「関係療法」、あるいは「システミック・アプローチ（systemic approach）」と呼ばれるのは、人間がつながりや相互作用の中で生きており、そのありようの問題に変化をもたらせば、個人の問題はなくなると考えることによる。

この新たな心理療法の考え方は、ロジャーズに次いで、心理療法に第二のパラダイム変換をもたらしたともいわれる。

＊

家族カウンセリングの考え方は、個人療法を行っていた精神科医のさまざまな試行錯誤の中から生まれた。米国の児童精神科医や統合失調症の治療にあたっていた精神科医は、治療の中で、必要に応じて母子並行面接《ぼしへいこうめんせつ》や家族の相談を行っていたが、それは患者とは別に、必要と思われる家族に面接するという形式をとっていた。一方、子どもや母親が元気になっても次にほかの子どもや父親の調子が悪くなったり、患者が元気になり退院して家族のもとに帰ることができても再発したりして、病気や症状が家族によって起こされているように見える事態にも出合っていた。そのことに関心をもった医師たちは、家族全体の面接を試みた。

実は、当時の多くの精神科医は精神分析の伝統を引き継いだ心理療法を行っていたので、家族を治療の場に呼ぶことはタブーに近く、家族を合同面接するのは想定外であった。精神分析の対象は現実の家族ではなく、クライエントの内なる家族でなければならない。しかし、先駆者的な働きをする人の常であるように、家族療法を創始した人々も禁を破って家族全員に会い、その結果、思いがけない発見をした。それは次に述べるような、家族メンバーの関係性がつくるシステムとしての特性であった。

（1）家族システムのとらえ方

家族カウンセリングの基礎になる考え方は「家族システム理論（family systems theory）」である。システムとは、「複数の要素が相互に関係し合ってまとまった機能を発揮している集合体」を意味する。つまり、家族は家族メンバーの単なる集まりではなく、家族メンバーが相互に作用して機能している一つの有機的なシステムと見る。そこで起こっている問題は、個人や家族メンバー単独の問題だけではなく、メンバーの相互作用の問題でもあると考える。家族療法は、システム理論のものの見方に基づいて相互作用の変化を支援する心理療法になった。

① 循環的因果律

システムとして家族をとらえる場合、これまでの個人療法や医学的治療のように問題を個体に還元して原因を追究し、その原因を取り除くという発想をしない。たとえば、胃のあたりが痛むとすると、それは胃の病気だと考えて、胃薬を飲んだり手術をしたりしない。個人を集団の一部としてとらえるので、胃痛は、周囲の環境からのストレスや個体の内臓の機能不全などが相互にかかわっている可能性があると考える。また、子どもの不登校をその子ども個人の問題として治そうとしない。それは子どもと子どもを取り巻く環境（家族、友人、学校など）との相互作用の問題かもしれないと考える。

＊

問題を問題自体や問題をもつ人自身に帰す考え方は、「直線的因果律」による原因追究的なものの見方である。この見方は、部分の機能不全はその部分の機能回復によってのみ取り戻すことができるとするので、問題、病気、悩みなども個人の責任において回復させる方向を取る。さらにこの見方によると、もし個人の問題に影響を与えた人が見つかれば、問題は影響を与えた人の責任になり、その人が責められ、変わらなければならないことになる。子どもの情緒障害は、母親の育児の不適切さが原因だとか、保育園でいじめを受けたからだとする見方は、直線的因果律によって「原因」をたどり、「犯人」を捜すとらえ方になる。

ところが、個人を集団というシステムの一部とすると、ものごとはまったく違って見えてくる。一人の人間は、周囲の人たちとの相互作用の中で生きているのであり、家族、学校、職場、地域社会は相互作用し、さらに県、国、世界との相互作用の中に存在する。個人内でも、胃腸はほかの消化器と関連し、消化器はその他の臓器との関連で働いているのだから、部分の機能不全をそれだけの問題として取り上げることの不十分さも想像できるだろう。

本来、生きているものは生態系というシステムの一部として存在するので、その一部分が単独で閉鎖的に機能しているわけではない。あえて言うと、宇宙という「開放システム」の中でほかのシステムとの関連の中に存在している。地球温暖化が個人の生活に影響するのは、生きものシステムは、限りない外界との相互作用の中で変化しているからだ。

このように、相互に影響し合っている生きものは「循環的因果律《じゅんかんてきいんがりつ》」によって存在している。一部分の変化は他の部分の変化を引き起こし、さらに全体の変化へと広がっていき、さらに、全体の変化は、また部分に影響を与えるととらえる。このように考えると、変化は、ひと回りしてそれで収まることはなく、らせん状に循環して起こりつづけていることになる。

システムは組織とか機構、仕組みなどとも呼ばれるが、システムの中には、コンピューターのように機械やものがつくるシステムと、生きものがつくるシステムの二種類があることに注目しよう。機械やものがつくるシステムは「閉鎖システム」であり、「直線的因果律」によって原因を追究し、問題を見つけ、それを直すと、そのシステムは機能を回復するが、生きもののシステムはそのようにはならない。

②「IP＝たまたま患者になった人」というとらえ方

循環的因果律で家族を理解しようとすると、家族メンバーは、一方でさまざまな環境とかかわりながら個人として成長するという変化と、また一方で個人として環境の影響を受けて変化をしながら生きているといえる。人間という生きものは独自の発達と他との相互作用で起こる変化の中で生きているので、障がいもその人だけの問題とは限らないという見方ができる。先に精神科医たちが発見したように、問題や症状が家族の中をぐるぐる回っているように見えたことは、問題の循環性を表しているとも受け取れる。それでは、患者とは一体誰を指すのだろうか。たまたまそのとき、症状や問題を表現した人一人を患者と決めて、その人が変わればいいと考えることは疑問であり、それでは再度、同じ問題が起こるかもしれない。

そこで、家族カウンセリングでは、最初に問題を訴えたり、症状や行動として表現したりしている人をＩＰ（identified patient＝たまたま患者になった人）と呼んだ。

この考え方によれば、ある人の問題や症状は「関係の問題」の表現であり、そこでつくられた関係性を症状や問題行動として表現したと見る。そのように見ると、被害者が誰で、加害者が誰と決めることはできない。つまり、原因と思われることは循環していて不明なのだが、関係している人たちの誰かがサインを出していると考える。人は集団の中で誰もがその人なりのあり方をしているのだが、数人が集まってかかわり合っている間に問題が起こり、その関係の問題をいちばん先に負担に感じたり、被害を受けたりした人が症状や問題でＳＯＳを発信したと見るのである。

ＩＰは、それを自分の問題として表現することもあれば、ほかの人の問題として訴える場合もある。また、ほかの人がＩＰを問題視することもある。いずれにしても、それは各人の認識によるものであって、現実の問題そのものを語っているわけではない。家族カウンセリングでは、誰かを患者にして責任を押しつけるのではなく、全体の関係の問題として解決にあたろうとする。

したがって、家族カウンセリングでは、ＳＯＳを出した人個人と面接をしても、家族全員が集まって面接をしても、また家族の一部（たとえば父母とか親子）だけで面接をしても、家族システムのさまざまな関係の視点からとらえて支援することを忘れない。つまり、重要なポイントは、その問題を来談した人だけの問題とせず、関係性の視点からも理解し、支援しようとするということである。

（2）家族システムの発達と発達課題

個人に発達があるように、家族にも家族システムとしての発達がある。そして、その発達には、一定の順序があり、またそれぞれの段階に応じた課題がある。また、個人の発達においても、ある段階から次の段階への臨界期に危機が起こりやすいように、家族においても、同じことが起こりやすい。

たとえば、青年期の子どもがいる家庭では、青年個人が自分の発達課題の達成に困難を体験するが、その困難は家族システムの発達の問題とも関係する可能性を考えようとする。この時期、多くの家族は、子どもの自立の支援だけでなく、親の仕事上の変化や親の子どもからの自立、さらに親自身の両親の介護などの発達課題が重なるからである。

次に、家族システムの発達段階とそれぞれの段階における発達課題を要約する（平木、他

『家族の心理　第2版――家族への理解を深めるために』サイエンス社2019参照）。

第一段階　若い大人の家族メンバーが家族から出立《しゅったつ》する時期（情緒的・経済的責任受容）――①源家族からの心理的自立　②親密な仲間関係の発達　③経済的・職業的自立　④コミュニティと社会での自己確立

第二段階　結婚・結合による家族形成の時期（新システムへの関与）――①パートナーシップの形成　②新たなパートナーを包含するために拡大家族・友人・コミュニティと社会システムとの関係の再編成　など

第三段階　幼い子どものいる家族の時期（システムの新たなメンバー受容）――①子どもを包含するカップル・システムの編成　②子育て・家計・育児の協働　③親と祖父母の子育て役割を含む拡大家族との関係の再編成　④新たな家族構造と関係を包含するためのコミュニティと社会システムとの関係の再編成　など

第四段階　青年のいる家族の時期（子どもの自立と祖父母のもろさを許容する家族境界の柔軟性）――①青年に家族システムへの出入りを許容する親子関係への移行　②中年期カップル関係とキャリア問題への再焦点化　③老年世代のケア　④新たな関係パターンの形成に移行していく青年と親を包含するためにコミュニティ、社会システムとの関係の再編成　など

第五段階　子ども（若い大人）の出立と中年期の継続の時期（家族システムへの多くの出入りの受容）――①二人カップル・システムの再編成　②両親と成人した子どもの大人同士の関係の発達　③血縁や孫を含む関係の再編成　④家族関係の新たな構造と布置を包含するためにコミュニティと社会システムとの関係の再構成　⑤育児責任からの解放による新たな関心、キャリアの探索　⑥両親（祖父母）のケア、障がい、死への対応、など

第六段階　中年後期の家族の時期（世代役割移行の受容）――①身体の衰えに直面し、自分自身と／あるいはカップルの機能への関心と維持―新たな家族役割・社会的役割の選択肢の探索　②中年世代のよりよい中心的役割取得の支持　③この段階の家族関係パターンの変化をコミュニティと社会システムが受け止められるようシステムの再編成　④システム内に長老の知恵と経験を包含する場の形成　⑤老年世代が過剰機能しないよう支持する　など

第七段階　人生の終末を迎える家族の時期（老化による制約、死の現実の受容と一つのライフサイクルの完結）――①配偶者、子ども、仲間の喪失への対応　②死と継承への準備　③中年と老年世代間の養護における役割の調整　④変化するライフサイクルの関係を受け止めるようコミュニティと社会システムの関係の再編成　など

家族の発達課題を見ると、家族システムの発達には、家族内での発達があるだけではなく家族を取り巻く他のシステムとのかかわりがあることがわかるだろう。また、個人が病気など何らかの事情で自分の発達課題を積み残すこともあり、次の段階で残った課題を含めて取り組むべき課題が増えたり、重くなったりする可能性がある。それらは、ときに個人の問題として、あるいは家族の躓《つまず》きとしてＳＯＳになって表現されることもある。また、次の時期の課題になることもある。ただし、それは個人だけ、家族だけの問題ではないととらえることが重要である。この発達課題は人類がその長い経験の中から産み出した目安であり、むしろ関係の中で生きていることを自覚する援《たす》けと受け取るとよいだろう。

多くの場合、家族全体が変化を必要としながら状況に柔軟に対応できなくなっていると、それが問題行動とか家族メンバーの症状といった形で表面化する。さらに、表面化した問題を個人の問題にしたり、発達を無視して以前と同じ方法で解決しようとしたりすると、当事者たちだけではどうにもならないほどの悪循環に陥ることにもなる。家族の問題解決の試みや努力が効果を生まないとき、家族カウンセラーは、それらを第三者として家族と話し合い、効果をもつ動きやかかわりに変える支援をしようとする。

家族カウンセリングでは変化を支援するための技法が多様に開発されてきた。技法の中には、現在、個人療法やその他の心理支援に活用されているものも多い。ここでは技法の詳細は述べないが、家族システムに変化をもたらす基本的な考え方を紹介しておく。

(3) 悪循環の相互作用を変える

家族カウンセリングは、家族メンバーが自己の成長と環境との多様なかかわりの中で、無意識のうちにつくりあげたパターン化した悪循環によるかかわり方を有効なかかわりに変えようとする。つまり、家族メンバーが相互作用の中で気づかないうちにつくっている関係の悪循環による躓きを、家族メンバーと家族システムの発達や状況に応じてよい循環に変える支援をする。したがって、支援の中では犯人捜しをせず、そのとき、家族の一人ひとりと家族全体がどんな変化を必要とし、その変化をどのように起こすかが支援の中心課題となる。

*

家族の相互作用がパターン化されて機能不全に陥っている状態を変化させるためには、家族メンバーと家族システムの発達課題がシステムとして達成されているか、そのための相互作用が成長をうながす循環になっているかが焦点になる。つまり、個人と家族システムの変化とそれを取り巻く環境の変化に応じて、家族メンバーの関係性が変わっているかどうかを中心に支援が行われる。

たとえば、親の転勤で生まれ育ったところから引っ越した家族の子どもが、転校してしばらくして不登校になったとしよう。あるいは、公立小学校から私立の中学校に入学して、不登校になった場合でもよい。それまでなじんでいた地域社会の仲間とのつき合い方や環境の変化は、子どもの性格やもとの友人たちとの人間関係の変化をもたらしたり、親の勤務や社会的活動の変化を起こしたりしているだろう。その変化に多少の困難を伴いながら適応していく家族もいれば、家族と環境の変化の種類や激しさによっては、それ以前のものごとへの対処の仕方では追いつかない場合がある。つまり、家族にとって得意な対処方法が新しい環境では通用しなかったり、新たな環境が子どもに適していなかったりする場合である。ところが、子どもも親も新しい状況に必ずしも新しい方法で対処できるとは限らない。今までと同じ対応をしていると失敗のくり返しが起こるが、そのくり返しは、誰かの消耗を招いたり、関係の悪循環を起こしたりする。不登校はそれらの問題の信号かもしれない。

その問題は、家族システムの構造の変化を示唆している場合もあるが、学校やコミュニティが個人や家族システムとどうつき合うかを工夫する必要がある場合もある。家族カウンセリングでは、家族の変化を支援しながら、学校やコミュニティとのかかわりを支援することになる可能性もある。この支援が家族メンバー個人の発達や家族システム全体の発達の節目（次の段階に移る時期）に当たるときは、より大きな家族の変化を必要とするかもしれない。その場合、家族の中で症状や問題を起こしているメンバーは、家族の大きな変化をつくりだすための動きをしているのかもしれない。換言すれば、家族がこれまでの適応パターンを変化させる必要があるとき、家族メンバーの一人が症状とか問題行動という逸脱行動をもって家族をゆさぶり、変化を起こそうとしているととらえることができる。また、自分や家族に対して、学校や社会は異なった対応をしてほしいという信号かもしれない。

家族カウンセリングは、問題や症状そのものにアプローチする心理療法ではない。むしろ、問題は人間関係そのものであり、一人ひとりは問題がなくても、二人以上の人々の組み合わせによってつくられていく関係性が問題を生む可能性があるので、それを家族に見えるようにして、そこに家族ぐるみでかかわることが重要と考える。カウンセラーは、かかわり合う人々が無意識のうちにつくり、巻き込まれていく家族の関係性を理解しながら、かかわっている人々がそれを理解し、乗り越えていく支援をする。それは、問題の責任者を探して変えることではない。家族が堂々めぐりの悪循環の中で消耗していくエネルギーを、その家族らしい関係をつくる力に変えていく支援と言うことができるだろう。

7　グループ・アプローチ

「グループ・アプローチ（group approach）」とは、グループによるカウンセリング、集団心理療法、心理劇、Tグループ（training group＝人間関係訓練）、グループ・ワーク（social group work）など集中的グループ経験による心理支援の総称である。そこではグループの特性と機能を活用した心理支援が行われる。

現在のグループ・カウンセリングや集団心理療法にもっとも近い形でグループを活用したのは、一九〇五年に米国の内科医のプラット〔Pratt, J. H. 1872～1956〕が始めた衛生講話だといわれている。

彼は、結核患者に講義をし、読書や話し合いをさせることが、治療への意欲や効果を促進し、治癒や健康によい効果をもたらすことを発見した。それは人が演劇を観たり音楽を聴いたりするとき、観客たちが一種のカタルシスを得るのに似ており、医師と直接話をしなくても、同じ病と悩みをもつ者同士が集まること自体に意味があることに注目した。彼はその方法を「教授的集団精神療法（クラス法）」と称して、患者の感情的なしこりやうっぷんの解決に積極的に活用し、さらに発展させて、心理的な問題をもった人々にも適用していった。

また、一九三〇年代には、精神分析家たちの中にグループで精神分析を行うことに意味を見いだす人たちが出てきた。自由連想をグループで行うと、他の人たちの語りを聞くうちに自分の葛藤に向き合ったり、自分を見つめたりしはじめて、それまでできなかった自由連想ができるようになる人が出てくる。集団が独自の意味と効果を発揮しているのであった。

初期の精神分析家たちの集団療法は、あくまでも集団を個人の治療や成長に活用することが主な目標だったが、集団の研究が進むにつれて、集団には集団力動と呼ばれる集団独自の特質があることが明確になり、その特質を活かした支援法は個人の心理のみならず、人間関係の訓練、集団全体の変化や成長などに広がった。たとえば、対人関係の改善・集団活動の推進・組織変革・リーダーシップ訓練などには、今や不可欠のアプローチとなっている。

(1) グループ・アプローチの特徴

グループ・アプローチに共通する特徴は次のとおりである。

まず、各グループは、平均七人から一〇人の固定したメンバーとセラピスト、あるいはファシリテーター（facilitator）と呼ばれるスタッフ一人ないし二人で形成され、同じグループ・メンバーによる話し合いが一セッション九〇分、数セッション継続して実施されることである。

第二の特徴は、複数の同じメンバーによる継続的な話し合いは、多様なメンバーとの相互作用によって、自己理解、他者理解、人間関係理解、相互支援などを試行することになり、一対一の支援に比してより多くの人がより現実的な学びをすることが可能になることである。

第三の特徴は、グループ・メンバーは人間関係をつくっていくことの難しさとすばらしさを体験し、そのプロセスで相互支援の重要性を体験することである。そこには、一対一のカウンセリングでは得られないダイナミックな人間関係の体験があり、それは自己発見と人格的出会いの体験である。その体験は、その後の社会参加や新たなものごとへの取り組みなど、次のステップの足掛かりや挑戦の力ともなっていく。

なお、グループ・アプローチのファシリテーターまたはセラピストは、個人の「心理内力動(intrapsychic psychodynamics＝心の中の葛藤や均衡の過程)」が理解できると同時に、「集団力動(group dynamics＝集団内・集団間の相互作用過程)」やグループのつくられていくプロセスと変化・成長全体を理解する能力が必要であり、そのための理論学習と技法の習得が不可欠であることは言うまでもない。

その理由は、グループが単なる個人の集合ではなく、一時的な集まりを超えた独自の働きをもち、グループはそれ自体が集団として成長し、さまざまな働きをすることにある。これは前節で述べた家族療法の考え方と軌を一にしている。集団をグループ成員の相互作用の総体(マトリックス)ととらえることで、社会に存在する集団そのものを対象に、集団機能を中心とした支援や開発を行うことが可能になり、それが組織開発やコミュニティ活動にも応用される。

(2) グループ・アプローチの方法

グループ・アプローチは、同じ症状や問題をもった人々の支援をしているカウンセリング・センターや精神科の病院などで行われており、その機関の患者さんに対して症状や問題に明るい専門家が、守られた環境の中で、参加者の状態に応じたプログラムにより実施する。

一方、問題や症状に関係なく多様な人々がグループ体験そのものを目的にして集まるグループ・アプローチもある。そこでは、異なった考え方や特徴をもつ人々とのかかわりを通じて、自他の違いや特徴を理解し、受け入れ、かかわっていくことを体験的に学ぶ。そのプロセスで自己を語り、他者に耳を傾けることの必要性と相互支援の大切さ、人間関係を形成することの難しさとすばらしさも学ぶ。

また、一人のクライエントが、個人療法とグループ療法を並行して受ける「コンバインド・セラピー（combined therapy）」と呼ばれる方法もあり、治療効果の向上に役立っている。

＊

次に、このようなグループ・アプローチの特性を活かし、発展させた心理支援の活動として、自助グループについて取り上げておこう。

＊

これまで述べたグループ・アプローチは、スタッフがグループ・プロセスの責任者の役割を引き受けるものであり、個人とグループの成長には責任者の技量や人間性が大きくかかわってくる。一方で、一定期間継続的に実施されたグループ・アプローチでは、グループ自体が発達・成長していくので、その経過でリーダーシップは、時と場に応じて他のメンバーによって分かち合われ、ファシリテーターは実質的にメンバーの一人のようになっていくという特徴がある。

このようなグループを体験した参加者は、日常生活に戻ってからも新しい自分、新しい生き方を継続すべく、またさらなる成長を求めて、自分たちでグループを継続しようと動き始める。実際、同じ障がいや問題を抱え、類似の苦悩・支援・回復を体験した人々がその体験を生かして仲間に情報を発信したり、プログラムをつくったりして他者と連帯していくプロセスは、かかわりの中で生きる人間の自然な姿である。ときには専門家やボランティアの支援も受けながら活動するプロセスは、支援を受けることと支援をすることには同じ価値があることを知っている人たちを生み出し、ケアと支援は一方的なものではなく互いに授受し合うものとして実践されている。

そのグループは自助グループ（self-help group）、あるいは、ピアサポート・グループ（peer-support group）と呼ばれ、次節で述べるコミュニティ・アプローチの大きな部分を担ってもいる。peerとは「社会的に同等」あるいは「仲間」を意味し、いずれも仲間で支え合うグループという意味である。

このグループの代表的なものには、アルコール依存症者たちが自分たちの手で依存からの回復とその維持をめざして助け合うＡＡ（Alcoholic Anonymous＝アルコール依存者匿名協会、断酒会ともいわれる）や統合失調症患者の家族のグループ「家族会」などがある。ＡＡは回復のプロセスで身につけた健康維持の知恵と方法を活用して国際的に連携しながら活動しているグループであり、いつでも、どこからでも、海外からの仲間の訪問や入会も歓迎し、語り合い、援《たす》け合う活動を世界で展開している。

さらに、このような試みの中から、戦争や災害などによって多数の人々が突然体験する状況に対する支援と危機介入の方法も生まれている。現在、強度の危険や喪失、孤立した生活などからくる継続的重圧とストレスに対する支援などでは、グループ・アプローチの体験者やファシリテーターによる緊急の支援から自助グループへと発展しているものもある。

それらの支援から、誰もが願う日常の幸福と健康の維持・向上のためのリラクセーション（リラックスする方法の練習や実践）などが、個人のケアにも取り入れられ、非専門家が担う相互支援の見本にもなっている。

また、この種の活動は、一般の人々が身近な人から得る情報や支援の源《みなもと》として、また、専門家の働きを支える支援システムとして重要な役割を担うようになっている。

8　コミュニティ・アプローチ

「コミュニティ・アプローチ（community approach）」とは、ひと言でいうと、問題や悩みをもった人を地域社会規模で支援し、また問題を未然に予防しようとする考え方と方法である。その背景には、これまで述べてきた個人心理療法、家族カウンセリング、グループ・アプローチなどに加えて、精神障害の予防を説いたフランスのピネル〔Pinel, P. 1745～1826〕や地域社会への介入を通した精神障害の予防の必要性を主張したカナダのキャプラン〔Caplan, G. 1938～〕の貢献があったことが認められている。

その考え方と動きは、一九六五年のボストンにおける「地域精神保健にたずさわる心理学者の教育に関する会議」（ボストン会議ともいわれる）で始まった。その会議では、「コミュニティ心理学」ということばが初めて使われ、その目的は、コミュニティの中で多様な人々が切り捨てられることなく生きられるよう、人と環境の適合性を最大にするためにコミュニティ規模で心理的・社会的問題の解決に参加し、研究することであった。

この考え方を実践する主な機関は米国では地域精神保健センターである。その主たる活動は人々の悩み、貧困、人種差別、都市の過密現象など、人間生活のあらゆる面の健康維持を社会的・地域的規模で介入し予防にあたることをめざしている。

その活動は地域住民のニーズに合ったものでなければならず、そのための新しい方法が開発される必要性が強調される。また、そのような広いニーズに応えるためには、個人、生活環境、社会体制に対して新しい取り組みをするコミュニティ心理学者の専門家としての働きも必要になった。コミュニティ心理学者とは、コミュニティ心理学の知見を人間生活全般に活用するために、①変革を推進し、②コンサルタントの役割を果たし、③支援システムを組織・運営し、④参加しながら理論を構築していく役割を担う人である。〝行動する科学者〟とも呼ばれる。

日本におけるコミュニティ心理学は、一九七五年、九州大学で第一回の「コミュニティ心理学シンポジウム」が開催され、一九九八年に学会が発足して以来、次のようなコミュニティ・アプローチが展開されている。

① 危機介入（喪失を体験した人々が悲嘆を受け入れていく過程を援《たす》けるグリーフ・ワーク、自殺予防運動、無料診療運動、戦争神経症＝退役軍人の戦場恐怖症の治療など）
② 相談活動（住民の精神的健康・予防、地域社会中心の相談）
③ 社会的支援とその組織づくり（情緒的・道具的・情報的・評価的支援）
④ 環境研究（ストレス因子、精神的健康の資源など）

コミュニティ・アプローチは、家族をシステムととらえる家族療法の見方をコミュニティに広げ、コミュニティをシステムと受け取ることにより、心理支援の対象を住民のつながりへと変える役割を果たしている。それは、従来の支援が、患者や問題をもつ人を支援する医者やカウンセラーといった一部の専門家であったのに対して、地域精神保健の問題に対処するのは地域社会全体になり、専門家も当事者も地域社会が共に責任をもって自分たちの必要に適したサービスと支援をすることになった。

コミュニティへの支援・介入は、対象領域も広く、また備えるべき知識、方略もきりがないほど多様である。心理的支援は、心の内なる世界というミクロの視点からコミュニティというマクロの視点までを網羅する必要性が明らかになり、多様性と変化の激しい二一世紀を生きる人々の支援には不可欠になっている。

コミュニティ・アプローチの代表的なものには、「いのちの電話」のようなボランティアを中心とした危機介入活動、高齢者・障がい者福祉のためのコミュニティ・ケア、地域保育の試みなどが挙げられるが、ここではその具体的な取り組みとして、前節で述べたグループ・アプローチに教育的要素を取り入れたプログラム「心理教育」を紹介する。

（1）心理教育

心理教育（psycho-education）は、医療と教育の領域で開発された「心理教育プログラム（psycho-educational program）」の実践と研究を基にして、保健医療、福祉、教育、司法・犯罪、産業・労働の領域で広く実施され、今後のさらなる発展が期待される心理支援活動である。

心理教育とは、「疾患や問題をもった人々に対して、心理面への配慮をしながら情報や知識を提供し、症状や問題に対処できるよう力づけることを目的とした教育」とか「さまざまな問題の心理的・社会的意味を考慮した対処法の協働探求」といわれる活動である。

その目的は、専門家の心理的な配慮のもとで、当事者と専門家が情報交換することであり、専門家が当事者に対して知識や情報・方法などを教えることは重視されない。これは先に述べたピアーズの精神保健運動の発展形の一つでもあり、適切な治療と処遇には専門家はもちろん、患者も一般市民も疾患についての知識とかかわり方を知っている必要があるとされる。そのための場を設け、方法をつくっていくことが専門家の役割だと考える。

たとえば、統合失調症やうつ病など一般の人々の理解が困難な心理障がいや、エイズやがんなどの治療が困難な身体疾患の告知と治療には、支援する側にも相応の知識と配慮と方法が必要である。また、非行や攻撃的行動で自らの人生を危機にさらし、破滅を招いているように見える子どもに対して、大人は適切な支持と方法で子どもが問題を理解し、自らもてる資源を活用して変化するよう援《たす》けることが求められる。つまり、支援者は特定の疾患や問題にかかわる正確で最新の知識をもつと同時に、症状や問題をめぐって当事者たちが体験する苦悩や状況を分かち合い、協力する態勢をつくっていくことをめざす。

この支援法は、次に述べるようにまず教育と医療の領域で開発され、現在は日本でも、健康な生活、子育て、対人関係、非行、いじめ、引きこもりなど、支援が必要とされる多くの領域で多様なプログラムが開発され、実施されており、その効果研究も行われている。また、医療や教育の専門機関だけでなく、一般の人々にも役立つ心理教育プログラムが開発され、実施されている。たとえば、コミュニケーションや対人関係が苦手、あるいは支障がある人々に対して行われるアサーション・トレーニング（assertion training＝自己表現の訓練）は、その一例である。

次に、教育と医療の領域で開発され、実施されている心理教育プログラムの例を簡単に紹介し、心理教育の共通点と展望を考えることにしたい。

＊

① 医療における心理教育の例

医療における心理教育プログラムの先駆的な試みは、米国で一九七〇年代に始まった統合失調症の患者とその家族のためのものである。慢性の統合失調症のような一生つき合う必要がある疾病は、周囲の理解と受容が必要でありながら困難であり、患者と家族は問題や困難を抱えながら、よりよく生きるための知識と情報、対処技法、心理的・社会的サポートを必要としている。その目的のために考慮された支援法である。

その支援の基本理念は、患者、身近な家族などの関係者、そして支援者が共に病気や問題について、それぞれの立場から平等に話し、学び合い、グループで参加者に力をつけることである。そこでは、当事者や家族はその問題を体験している自分自身の専門家であり、支援者はその問題のケアにかかわってきた専門家であって、支援する者と支援される者といった区別はない。心理教育の場では、専門の違った人の人権と個別性を重視した教え合い、学び合う関係があり、参加者のニーズに合った情報入手と問題についての相談ができる。とりわけ、そこでは各自が体験したこと、できていることに注目し、それぞれの対応や工夫に共感し、ねぎらい、学び合う関係がつくられる。支援する専門家は当事者の思いや経験を大切にし、疾患や心理的問題に関する必要な知識と対応の技術を訓練して支え、患者や家族の体験や工夫を大切にする。その過程で、参加者は自己肯定感を高め、気持ちにゆとりをもってものごとに対処し、よりよい対処法や生活を創造していく。その支援は必要に応じて継続される。

日本では、心理教育・家族教室ネットワーク（後藤雅博、2012）が中心となって、長期入院の統合失調症患者とその家族のための心理教育プログラムが全国で実施されている。プログラムには、本人を含む単一家族を対象としたもの、いくつかの家族が集まるグループを対象としたもの、そして家族教室と呼ばれる患者を除いた家族のみを対象としたものなどがある。いずれにも共通していることは、必要な知識伝達の部分と、対処技法などの話し合いと練習を行う相互支援のグループ活動が組み合わされて実施されることである。

この種のプログラムは、当初、専門医によって実施されていたが、やがて、適用の場に合わせて多様なプログラムが開発され、医師以外の専門職も行うようになっている。医療機関では看護師や社会福祉士、心理職などが医師や他の職種の専門家と組んで行うようになっている。また、企業や学校などの保健センターやカウンセリング・センターなどでも、医師、看護師、保健師、産業カウンセラー、教師、養護教諭、スクール・カウンセラーなどが心理教育の技法を習得し、それぞれの専門領域の知識を活用して実施している。

② 教育領域における心理教育の例

教育領域で開発された心理教育プログラムは、米国で一九五〇年代の初めに精神分析家レドル〔Redl, F. 1902～1988〕が開発した非行や攻撃的行動をもつ子どもたちのための集団宿泊プログラムである。ストレスに満ちた体験をもつ「荒れている」と呼ばれる子どもたちを対象とした「人生の危機介入」と呼ばれるもので、子どもたちの性格と人生の危機を考慮した保護的な環境の中で、段階的に構成されたプログラムで行われる。

その基本理念は、自らの人生を危機にさらし、破壊に陥れているように見える子どもに対して適切な支持をしながら、子どもが自分の行動の問題を理解し、自分のもつ力を活用して自ら変化するよう援《たす》けることである。プログラムの鍵となるのは、悪いところを正すのではなく、子どもの生得的善を引き出し育てることである。とりわけ感情の爆発などの混乱と危機にある子どもの支援には、大人がその場で子どもの行動パターン、価値観、出来事の解釈、人生観などに変化をもたらす介入をし、今の危機を新たな行動を実行するチャンスにすることが重要だと考える。宿泊して行われる理由は、支援者と子どもが信頼と受容の関係を築くために必要な環境と方法だと考えられているからである。

このアプローチは、その後、非行のみならずいじめや情緒障がいなど自己の葛藤や不安を攻撃や問題行動で表現する子どもたち、落ち着きのない子どもや虐待を受けた子どもたちへの支援法として展開し、後に子どもの情緒・行動問題の更生にかかわる米国の学会誌で心理教育運動の先駆と認められ、今日に至っている。

教育領域における多くの心理教育プログラムは、自己理解と他者理解を促進し、相互信頼の環境をつくるための「心理的」支援の部分と、新しい言動の習得という「教育的」な部分から成り立っている。そのアプローチに活用される理論と技法は、たとえば今述べたプログラムの場合、子どもの情緒と行動の理解は精神分析と自我心理学により、またプログラムの中でのかかわりは現在に焦点を当てた未来志向の人間性心理学を基礎としたアプローチ、そして支援技法としては、適切な言動のトレーニングを含む行動療法も活用されるといった折衷的・統合的アプローチになっている。この多元的アプローチは多くの心理教育プログラムに共通で、先に述べた小グループによるグループ活動などにも活用される。

そのため、スタッフは問題を多角的・継続的に査定し、構造化された順序と方法による介入を行うための訓練を受ける必要がある。

現在は、学級運営の崩壊、差別を受けた人、自責的になりやすい子どもや女性、さらに孤独な子育てをしている母親たち、親の離婚を経験した子どもたちなど、生理的・心理的・社会的側面からの支援が必要な人々に活用されている。

（2）心理教育的アプローチの特徴と展望

教育と医療の領域における心理教育プログラムには、次のような共通点がある。

①　心理教育とは、環境適応上の、あるいは情緒的・行動的な困難をもつ人々へのコミュニケーションとケアなどの技法を活用した心身の健康の維持と促進を支援する社会的サポートであること

②　そのサポートは、対象と状況に合わせて構造化されたプログラムによって提供され、困難をもつ人と支援者の協働（collaboration）によって実施されること

③　プログラムは、参加者と専門家が支援的環境と関係を形成し、話し合いやスキル・トレーニングなどの体験学習で成り立つこと

④　プログラムにおける支援者は、テーマについての正確な知識と最新の情報、個人の心理力動と集団の力動を理解し促進するスキルをもつこと

これらの共通点からわかることとは、実は、支援を受ける人も、その関係者も、そして支援をする人もそれぞれの専門家であり、人間が生きることはその場におけるそれぞれの専門家が専

門性を発揮して協働（＝協力して働くこと）することだということである。

心理教育アプローチの開発とその発展は、一人の専門職や一つの支援法だけで困難や問題を抱えている人を支えられるわけではないことを示唆している。たとえ一人の人を一人の人が面接して問題の解決に至ったとしても、システムの視点から見ると、その人は支援した者だけの力で変化したことにはならない。心理教育プログラムで理解してきたように、限りない関係性の中にいる人々の変化にはそれを促す支援環境があり、その環境は多様性に満ちたコミュニケーションによって成り立っていることを見過ごすわけにはいかない。

心理教育的アプローチが象徴している支援の意味は、人が社会の中で抱えることになった困難や問題を理解し、乗り越え、対応する力を身につけるには、社会的な資源という支援が必要であり、それが個人の自己効力感（ある具体的な状況で、自分が適切な行動をとることができるという確信）を高め、同時に他者を力づけて、各自が自分らしく生きることにつながるということであろう。

日本で長年、家族心理教育を推進してきた精神科医の後藤雅博（2012）は、「家族を治療する」から「家族と治療する」を経て「家族が治療する」をスローガンにして心理教育を推進し、「当事者と家族のあらゆる体験と努力が治療資源だ」と述べているが、それは後で述べる「オープン・ダイアローグ」と呼ばれる近年の心理支援につながる視点である。

9　統合的アプローチ

二〇世紀初め、精神分析理論の開発によって開かれたカウンセリング・心理療法の世界は、半世紀の間はほとんど新しい動きがなかった。しかし、第二次世界大戦後から一九七〇年代のほぼ二〇年の間に、これまで述べてきた諸理論を含めて、四〇〇以上もの理論・技法が開発されたといわれている。その乱立は、理論間の競合と各理論・技法の効果への問い、そして「精神保健界における変質」と呼ばれた新たな動きを促すことになった。その動きは、「折衷《せっちゅう》主義（eclecticism）」「統合（integration）」「収斂《しゅうれん》（convergence）」「多元主義（pluralism）」「接近（rapprochement）」「統一（unification）」「処方主義（prescription）」などと呼ばれ、理論的にも実証的にも、そして実践上も確実性のある理論・技法を選択すると同時に、多様な理論・技法を積極的に整理・統合しようとする試みとなった。

（1）理論・技法の整理・統合

整理・統合が必要になった理由は、主に三点あるとされている。

第一は、単一学派による臨床実践に対する不満足である。多くの理論・技法が激増したこと自体が不満感を裏付けしているが、一つの理論では十分な効果をあげていないと思われ始めたのである。

第二は、一九八〇年代に始まった心理療法の多様な効果研究の成果である。心理療法の効果に関する膨大な調査研究がランバート〔Lambert, M. J. 1944〜〕により一九九二年に発表された。その研究で明確になったことは、異なった理論・技法の効果の比較では、どのモデルも同様の効果をあげていること、また、どのカウンセリング理論にもクライエントの変化に有効な治癒的要素があることであった。

有効な共通要素とその有効性は、

① カウンセリング以外の効果（クライエント自身がもっている特性やクライエントを取り巻く環境が提供する社会的支援、幸運な出来事など）が四〇％
③ カウンセラーの活用する理論とは無関係な、どのカウンセリングにも共通する因子（共感・温かさ、受容、危険を冒《おか》すうえでの激励など）が三〇％
④ カウンセリングの技法の効果（催眠、系統的脱感作など）が一五％
⑤ プラシーボ効果（カウンセリングの効果そのものというより、クライエントがカウンセリングやカウンセラーについてもつ知識や期待などのもたらす効果）が一五％

となっている。

この結果は、クライエントのもつ潜在能力の大きさと、カウンセリング理論・技法の有効性の低さを示し、カウンセリング界に大きな衝撃を与えることとなった。

第三は、特に米国における医療保険制度とのかかわりが大きいが、カウンセリングを提供する側のアカウンタビリティ（accountability＝説明責任）への要求の高まりである。つまり疾病により保険医療費の支払い限度額が決まったこと（マネージド・ケア＝managed careと呼ばれる）によって、心理療法・カウンセリングに対する支払い効果を証明する必要が高まり、治療効果が明確で、短期に終了する心理療法の開発が急務になったことである。

＊

その結果、心理療法・カウンセリングの理論・技法を統合する動きは活発になり、さまざまな統合の試みが開始された。先に述べた認知行動療法はその一つである。

（2）統合理論の一例

序章でも述べたように、筆者は、理論・技法の乱立期に実践を始めたために、カウンセリングの統合には強い関心を寄せてきた。家族システム理論には統合のための絶好の視点があり、その視点を中心とした統合を志向し、実践してきた。ここでは、筆者が実践している家族療法を中心とした統合理論を紹介して、統合の考え方の一例としたい。

＊

図6のAは個人の内的システムのプロセスを表しており、ある個人が受け取った刺激が、個人内の体質や気質、すでにつくられた性格傾向や認知・イメージ・無意識などと相互作用している「心理内力動」の部分である。この力動については、精神分析など内省を中心とした心理療法理論が解明を試みてきた。

Bは、個人システムの動きを個人への外からの刺激と外への反応の関係でとらえて、個人の内的システムの作用を具体的、客観的、数量化可能な言動のデータで理解しようとする部分である。動物や人間の行動の観察と実験などから導き出された学習理論・行動療法が貢献してきた領域である。

Cは、二人の人間からなるシステムが起こす相互作用の循環の部分である。対人関係を強調した心理療法、家族および集団療法、集団力学などが解明し、貢献してきた円環的・循環的因果律のメカニズムであり、Cは対人間力動の最小単位を示している。

そして、これらが環境とも相互作用し、その相互作用が時間の流れの中で進行していると考えることができる。この視点は、これまで開発された心理療法の各論が解明しようとしてきた特色を、全体として統合する道を開いたと考えることができるだろう。

このモデルは、二人以上のメンバーが存在する相互作用場面の基本型であり、家族、学校、

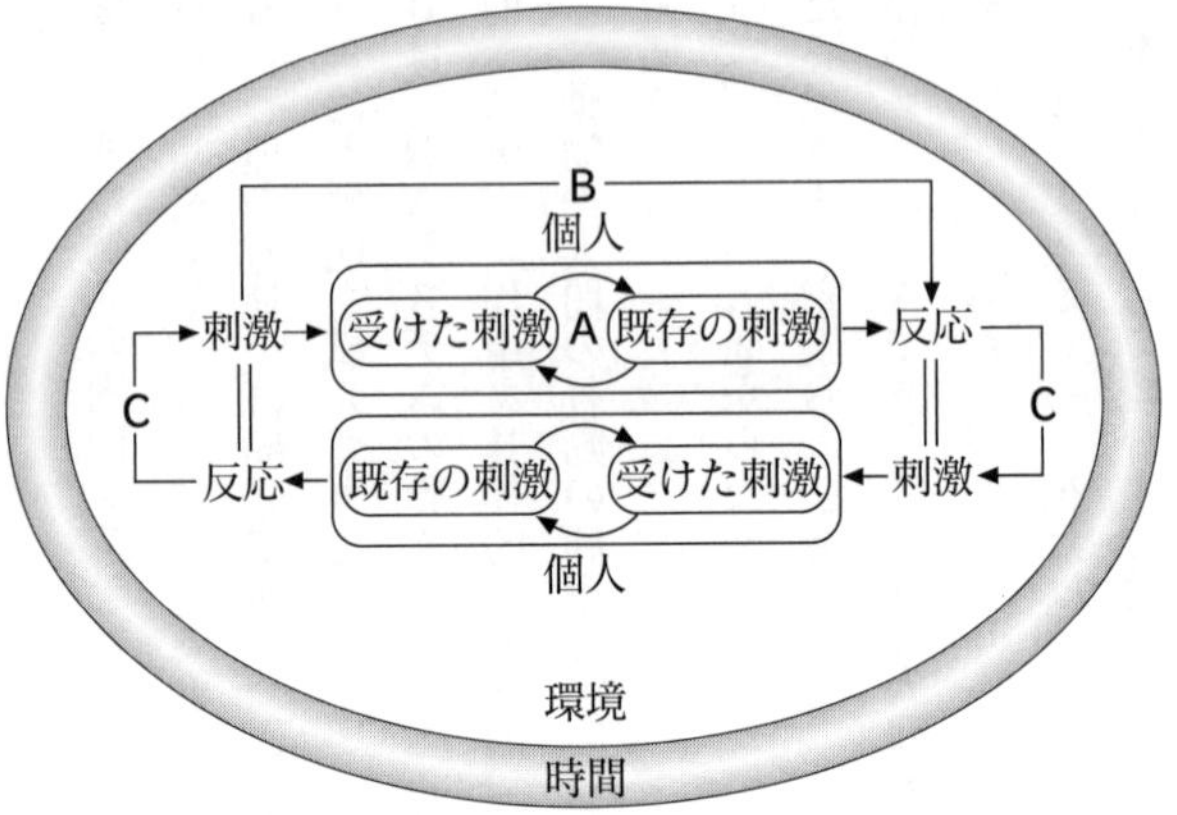

図6　生態システムに基づくセラピー統合モデル

職場など複数の人が集まる場面にも、またクライエントとカウンセラーの相互作用にも適用することができる。ただ、階層をなすシステムにおけるさまざまなレベルの循環的相互作用は、二人以上の人間関係の問題を解明しようとしたとき初めて見えてきた力動であり、家族療法の貢献は大きい。これは、個人内、対人間、システム間など各システムのレベル内、レベル間の循環的相互作用が症状や問題をつくりだすと同時に、変化や解決の資源でもあることを認めるモデルでもある。

心理療法とは、システムのさまざまなレベルに変化を起こす作業である。クライエントとカウンセラーは、心理内力動、心理内力動と行動との相互作用、対人間力動、そしてそれを取り巻く環境（生態システムもしくはラージャー・システム＝larger system）との相互作用を、時間の流れの中でとらえ、意味ある変化をうながす支援である。統合的視点は、どのシステムのレベルのどの問題に焦点を当てて支援を開始し、新たにどのような相互作用が生まれるかを理解することになるだろう。

10　ナラティヴ・アプローチとオープン・ダイアローグ

二一世紀に向けたカウンセリング界におけるパラダイムの第三の転換は、学問全体への問いかけともいえる「ポストモダニズム」「社会構成主義」の台頭によってもたらされた。これはマイノリティやフェミニズムの立場からの学問・専門家・社会通念の機能に対する批判から生まれた問いで、当然カウンセリング理論と実践にも大きな影響を与え、心理支援の根本的見直しを迫った。

その問いかけは、人びとの概念や考え方、記憶などのものごとに対する認識は、個人の歴史的・社会的・文化的プロセスの中で言語を通して形成されるものであり、主観的解釈以外の何ものでもないというものである。つまり、私たちはものごとを各人が生きた社会の色メガネを通してしか知ることができず、客観的真実は存在しないということである。したがって、社会構成主義の考え方では、社会を動かしている「意見」のつくり手を問題にする。

このようなものの見方からすれば、カウンセリングの理論もまた、このプロセスの産物だということになる。カウンセラーという専門職は、主流となる意見をつくりだし、一つの方向性を示し、社会を動かしていくという意味で、カウンセリングの場における参加者の立場が問題となる。つまり、社会的交流の場では、支配的立場と服従的立場が容易に形成されやすく、たとえば人種、民族、ジェンダー、さらには年齢、権力、知識などの違いは、より有利な立場、より支配的な立場をつくりだすことになるだろう。より力があり、より優位な立場を確保した人は、より強い影響力をもち、その言説は服従的立場の人の思考を支配していくことになる。

そして、この立場は、以下のような視点を心得ることを促す。

① 現実ととらえられているものは、観察者が切り取った見方である。
② このような現実は、人々の態度や言動を形成し、自分や他者、人間関係、世界に対する姿勢をつくる。
③ 人間は自分のものの見方、想像力、観察力で世界をとらえて自分の世界をつくるので、世界には多様な真実がありうる。
④ 人間は問題をつくりもするが、問題を解決もする存在であり、誰かが問題の原因とか解決の権威という区別はない。

この立場・考え方は、現存する理論や技法を否定するわけではなく、むしろ認知行動療法、システミック・アプローチ（家族療法）、グループ・カウンセリングやコミュニティ・アプローチの中にその考え方の芽を見ることができる。つまり、カウンセラーはもとより、人がものごとに向かう場合は、誰もが倫理的態度・姿勢としての自己のスタンスを問われていることになる。カウンセラーは権力ある責任者の位置に立つ者ではなく、専門家でありつつ自分のものの見方と価値観、言語などから自由ではない、限界のある人間であり、クライエントのことについてはそもそも「無知の」立場にある人ということになる。

したがって、カウンセラーは、クライエントが社会の中で生きるためにつくりあげてきた各自のストーリーが、その人にふさわしいかどうかを問い直し、書きかえ、新たなストーリーの創造をするときの媒介者になる。その役割は、決してストーリーの監修者になることではなく、協働する道連れである。

次に、社会構成主義の理念を独自のアプローチで行っているナラティヴ・アプローチとオープン・ダイアローグについて紹介する。

（1）ナラティヴ・アプローチ

ナラティヴ・アプローチのナラティヴ（narrative）とは、「語り・物語（ストーリー）」、あるいは「語ること」を意味し、そのアプローチは、ストーリーを語り、そのストーリーを理解しようとするかかわりを通して、クライエントが自分にふさわしいストーリーをつくっていくのを援《たす》ける心理支援である。ナラティヴ・アプローチには大きく二つの流れがあるが、いずれも社会構成主義、ポストモダニズムの立場に立つ、対話による心理支援である。一つは、オーストラリアのホワイト〔White, M.〕とニュージランドのエプストン〔Epston, D.〕らによって開発されたナラティヴ・セラピーであり、もう一つは米国のアンダーソン〔Anderson, H.〕とグーリシャン〔Goolishian, H.〕らによるコラボレイティヴ・アプローチ（collaborative approach）、ノルウェーのアンデルセン〔Andersen, T.〕によるリフレクティング・プロセス（reflecting process）

である。

ナラティヴ・アプローチの基本的な人間観は、人は本来、自分の人生を生きる能力、考え、スキル、行動力などを備えており、それらの能力を発揮して、自分らしく生きることができる存在だ、とする。しかし、クライエントのいわゆる「現実」は、ドミナント・ストーリー（dominant story）という「支配的な筋書き」によって方向づけられて、その人自身のあり方とはかけ離れたものになっていることがある。それらは「問題」や「症状」と呼ばれて、人生を支配し、悪影響を与える。クライエントが自分に備わっている力を活用することができれば、「問題」や「症状」からの影響を減らすことや本来の力を発揮することが可能になる。「問題」のストーリーを書き換え、自分のストーリーを生きる支援をすることがナラティヴ・アプローチである。

＊

ここでは、その進め方をモーガン〔Morgan, A.〕の著書（2000・邦訳2003）より要約して紹介する。

第一段階　「問題」や「症状」とされているストーリーを聴く

クライエントが「事実」とか「現実」として語るストーリーは、メディア、教育、科学、政治、宗教などによって構成されたドミナント・ストーリーによって色づけされ、再生産されており、本人はそのストーリーと折り合いをつけて人生を送ってきたが、自分を生きることができなくなって躓《つまず》いている可能性がある。それは自分らしさの「薄い」語りになっているが、まず、そのストーリーに耳を傾け、理解する。

第二段階　「問題」を外在化する

ドミナント・ストーリーによって「問題」や「症状」とされていることは、クライエント自身のものではなく、自分にはなじまない、いわば外から押しつけられたものに対する反応である。そうであるならば、問題を自分の問題とせず、外在化（自分の外に置く）して、その「問題」がクライエントにどんな影響を与え、どんな苦しみをもたらしたかをカウンセラーと共有していく。ホワイトの行った外在化の例では、「夜尿症」がある子どもに、「その小便小僧はいったいどんなことをするの？」と問いかけ、小便小僧をやっつける方法を共に考えることである。クライエントが「問題」を自分自身の問題にすることをやめて、それによって影響を受けている存在として自分を語るようになると、問題への前向きな取り組みができるようになり、自分自身の関心や特徴にそったあり方を探り、取り戻していく。

第三段階　「脱構築」の試みを始める

クライエントが問題を外在化し、社会の常識、価値観、文化などからの自分への影響を理解していくと、支配されてきたドミナント・ストーリーに対する疑問が出てくる。また、クライエントが「問題」や「症状」に影響されないで対応したり、うまく逃れたりした「ユニークな結果」と呼ばれるストーリーを探ることによって、これまで「問題」や「症状」という形で構成されていたストーリーやものの見方から脱することができる。

第四段階　新しいストーリーを構築する

第三段階を経て、クライエントは、自身が自分らしく生きるストーリー（オルタナティヴ・ストーリー＝もう一つのストーリー）を築いていく。それは、社会の中でつくってきた「薄い」ストーリーではなく、カウンセラーとの協働作業で織りあげられていく「厚い」語りであり、新たな人間関係や可能性を含む未来を生きるストーリーである。

第五段階　支援と改善を分かち合う

クライエントが自ら変化を成し遂げたプロセスと成果を面接記録、面接録音・録画、カウンセラーからの手紙、認定証などによって明確にし、クライエントの変化を家族や仲間と共に分かち合う。クライエントのもっとも身近な家族や仲間はアウトサイダー・ウイットネス（外にいる証人）と呼ばれ、変化したクライエントを新たな現実を生きる人として受け入れ、つき合っていく重要な証人になる。このプロセスは、リメンバリング（re-membering）と呼ばれ、「再びメンバーになる」という意味になる。

ナラティヴ・アプローチは、クライエントの語る「物語」を通して、その人に即した解決法や生き方を発見し、創造していく支援である。それはまた、クライエントの支援だけでなく、多様化していく社会の中で、誰もが「違い」を「間違い」にしないで、一人ひとりが自分らしく、かつ他者と共に生きていくための知恵をもたらす支援でもある。

（2）オープン・ダイアローグ

オープン・ダイアローグ（open dialogue）とは「開かれた対話」という意味である。この治療法は、一九八〇年代に、フィンランドのある病院の家族療法家たちを中心に、統合失調症の治療法として始まった。その特徴は、従来からの入院や投薬の治療をしないで、「開かれた対話」を中心に支援を行おうとするところにある。

その方法は、患者か家族から病院に連絡が入ると、医療チームがつくられ、二四時間以内に初回ミーティングが行われ、支援が開始される。ミーティングには、医師、看護師、心理士などのほかに、患者とその家族、親戚、患者にかかわる重要な人物、たとえば教師や職場の上司、コミュニティの仲間など、誰でも参加できる。その人たちが集まって輪になって座り、オープン・ダイアローグが行われる。

ミーティングは一回、一時間半ほどで、症状が改善されるまで、毎日行われる。参加者は、全員平等な立場で発言する機会と権利が与えられ、専門家の発言が優先されたり、患者の訴えや体験がほかの参加者によって批判されたり、否定されたりすることはない。薬物治療や入院の必要性を含めて治療に関する決定は、患者も含めた全員の話し合いでなされる。

この治療法は、私たちがなじんでいる医師などの専門職が主導して、強制入院も含めて患者や家族はその方針に従うという支援法とはまったく異なる。また、通常の統合失調症の幻聴や幻覚は、語ることではなく、薬物療法によって除去され、あるいは抑えられることになっているが、ここでは語られ、ミーティングの出席者たちによって共感的に受けとめられ、分かち合われる。ここでは、患者は語ることができる人、意思決定ができる人として認められており、専門家や患者以外の人が一方的に「患者とされた人」の人権を奪うようなことはない。

これはポリフォニー（音楽で、各声部が独立した旋律とリズムをもちながら調和を保つ多声洋式の音楽）の場と呼ばれ、ミーティングの場は、患者とされた人の声も含めて、関係する人々の声が調和して鳴り響く場をつくるプロセスを担い、相互に支え合うコミュニティ規模の関係づくりが成り立つと考えられる。

オープン・ダイアローグを実施しているフィンランドのこの地域では、統合失調症の患者の入院治療期間は短縮され、投薬の割合はこれまでの三五％に減り、再発率も二四％（それまでは七一％）にとどまっているという報告がある。

日本では、斎藤環（2015）を中心としたオープンダイアローグ・ネットワークにより、研修や実践が進められている。

＊

ここまで読み進んできた読者は、オープン・ダイアローグには、認知行動療法、システミック・アプローチ（家族療法）、グループ・カウンセリングやコミュニティ・アプローチ、そしてナラティヴ・アプローチなどと重なる共通の理念や理論的背景があることを理解できるであろう。

（3）多職種のコラボレーション（協働）

このような動きを背景に、心理支援の現場ではコラボレーション（協働）という視点と働きが注目されている。これは、既成の組織や分野を超えた対話や意見の交換と、共同の計画や行動による多様な人々や組織の相互支援体制の働きである。その特色は、異なった立場に立つ者同士が共通の目的に向かって問題解決のための対話と活動を行うことにある。

たとえば、不登校の子どもの支援として、校長、担任、学年主任、養護教諭、スクール・カウンセラー、父母、地域の相談機関や医療機関などが協働することがあげられる。あるシステムの複雑な問題や症状に対して、専門家だけでなく、その生態システム全体の潜在的な解決能力を最大限に引き出し、ネットワークによって取り組もうとするものである。

二一世紀の支援システムは、この視点からとらえ直され、相互支援体制のモデルとして育てていく必要があるということである。

11　理論・技法のまとめ

二一世紀のカウンセリングは、再び一人ひとりの存在をありのままに受けとめるロジャーズの実践を見直し、クライエントの潜在能力を引き出し、クライエントにふさわしい物語の発見と創造にかかわる支援として発展を続けている。一九七〇年代の各流派や種々の理論が互いに反目し、排除し合う時代は終わり、一九八〇年代の理論・技法の統合の時代を経て、相互に学び合い、切磋琢磨《せっさたくま》し合う学問と人々の動きが進んでいる。諸理論が追究してきた人間の心理内力動と認知の働き、認知と行動のかかわり、そして人間がつくる関係性の世界は並行して探索され、同時にカウンセラーの倫理とアカウンタビリティ（説明責任）も問われ続けるであろう。

カウンセリングの知恵は、実験や論理的思考から生まれるというよりは、実践から生まれる。しかも、その実践は実証された答えや公式化された理論を適用するというよりも、むしろ現実の人間の悩みや問題を目の前にして、とりあえずかかわるところから始まり、終結に至るまでの結果のメカニズムは、のちに説明され一般化されて、臨床の知恵になっていくことが多い。

カウンセラーは、先達が自ら実践の中で発見し、概念化し、言語化した知恵を深く学ぶと同時に、自分自身も絶えず実践の知恵を積みあげていくことが求められている。

第4章　カウンセラーの養成・訓練・資格

第1章から第3章まで述べてきたことは、ひと言でまとめると「カウンセリングとは何か」についてであった。それは、「人々の心理的悩みや問題をめぐって心理学に基づいたカウンセリングの理論と技法を活用して行う専門的支援である」とまとめることもできるだろうか。これからの章では、その理論・技法を活用しているカウンセラーの専門職としての視点に立って、社会におけるカウンセリングの働きの面からカウンセリングを理解することにしたい。

そのためにまず、カウンセラーの訓練と資格、そしてカウンセラーが現場でどのような仕事をしているかについて紹介していくことにする。カウンセラーは、心理支援実践のための理論と技法を習得する必要があるが、加えて、その前提となるカウンセラー個人の人間観やカウンセリング理論・技法の基礎となる世界観を確認する必要がある。

第4章では、心理専門職に求められる訓練の内容と方法を概観し、支援の現場で要求されている資格の意味を理解する。日本で取得できる二種類の資格についても簡単に述べる。

第5章では、資格を取得した後、心理支援専門職はどのようなところで、どのような職務の仕事をするのか、その職務を果たすためにどんな責任が課されているのかについて概観する。

心理支援専門職の資格と業務の視点から、カウンセリングを見直す機会になることを期待している。

1　心理支援専門職に求められる知識と技術

カウンセラー、あるいは心理支援専門職の訓練は、大きく分けると三本の柱から成り立っている。一つ目は、高度専門職の資格を得るために必要な諸理論の学習、二つ目はカウンセリングの技法の習得のための実習・実践訓練、三つ目はカウンセラー自身のための自己訓練（自分を知り、その自分を心理支援に活用するための訓練）である。三つ目の柱は訓練期間中も資格を取得してからも行う自己訓練と考えることができる。

第一と第二の柱は、心理支援専門職に必須の、クライエントの心理状態を理解するための理論や方法の学習と、心理的支援の面接技法の取得ということになる。この二つの柱は第3章「代表的なカウンセリング理論・技法」でも述べたように、別々に行われるものではなく、実践と重ねて同時進行するのが前提である。実践の場では、来談者を理解していくことは、カウンセラーから見ると心理的支援の実践であり、来談者の側から見るとそのプロセスで自己理解が深まることになる。その意味で理解と支援は不可分なのだが、この章では二つの柱をあえて分けて述べることにする。

（1）クライエント理解のための理論

これは専門用語ではアセスメント（assessment）あるいは「査定」とも呼ばれる作業に関する理論である。来談したクライエントをどのように理解するかにかかわる理論であり、人間の成長や人間の問題、症状などを理解するための理論、すなわち人間理解の方法に関する理論と考えることができるだろう。

アセスメントとは、医療で使われる診断という用語に近い意味があるが、医学の世界で使われる診断には、「病理学的識別・判断」という医学専門職の業務も含まれている。混同を避けるために、心理学的支援では、来談者の全体像を心理的に把握するという意味でアセスメントが用いられる。

アセスメントでは、クライエントの能力や性格、欲求や葛藤、それに対応する個人の反応や能力の働き、パーソナリティの発達・構造、課題解決方法や適応の仕方など、クライエントの全体像の把握が行われる。それらの詳細は数冊の解説書になるほどのテーマであり、心理学の基礎理論すべてをここで論ずることはできないが、心理学の学部学生が学ぶテーマである。ここでは、アセスメントの中核である人間のパーソナリティの発達理論、クライエントを取り巻く環境についての理論、心理的な障がいに関する理論について簡単に説明する。

クライエントを理解するには、まずヒトという種に共通の成長について、ある程度知っておく必要がある。とりわけ、心理支援の基盤となるのは、パーソナリティ（人格＝個人の情緒的適応、社会的適応、動機、欲求・興味・態度などの特質）の発達理論である。心理学、精神医学が長年にわたって研究してきた重要なテーマの一つは、人は生まれてから成長していく過程で、どのようにパーソナリティを形成していくかということであった。その結果、人類共通に見られる発達の段階や、人間が獲得するパーソナリティの一般的特性は、ある程度理論化されてきた。

パーソナリティについての考え方には、第3章でも述べたように、研究者により、また、それぞれのカウンセリング理論が依拠する人間観により違いはあるが、その違いも含めて、その知識は心理的支援に不可欠である。大学の心理学、臨床心理学のカリキュラムの中には必ず「パーソナリティ理論」の講義が入っており、特に、カウンセリングや心理支援の仕事に就く者には必修の課目である。

パーソナリティの発達理論に次いで必要な理論学習は、臨床心理的支援のための人間を取り巻く環境についての理論の学習、つまり環境へ働きかけるために必要な知識の確保である。特に、個人と家族・コミュニティのかかわりについては、個人を理解するうえでも、個人のサポート源としても理解しておく必要がある。第3章の家族療法、グループ・アプローチ、コミュニティ・アプローチですでに述べた理論学習にあたる。

カウンセラーにとって必要な第三の理論は、心理的な障がいに関するものである。パーソナリティの発達理論が一つの基準となって、そこからの逸脱や病理を理解しようとする試みから生まれた理論であり、支援の目標を定め、その心理的メカニズムを理解するために必要な視点ともなる。これらの理論の中には、異常心理学や精神医学が含まれる。現在、疾患の診断は、世界保健機関（WHO）が作成した「国際疾病分類（ICD）」や米国精神医学会の作成した「精神疾患の分類と診断の手引き（DSM）」によって行われている。心理支援職は、医師ではないので疾患の診断はしないが、カウンセリングを引き受けるにあたって、クライエントを理解するためには必要な知識である。目の前にいるクライエントに適切に対応するには、疾患の診断という観点からもクライエントの状態をアセスメントし、自分が面接を引き受けるかを決断し、あるいはほかの専門職に紹介するなどの判断をする必要がある。

ただし、この知識は、第1章と第3章で触れたように、二〇世紀後半から起こっている「異常」とはどんなことなのかについての議論とかかわりがあることに留意しておきたい。「異常」とは誰が決めることなのかという社会構成主義の問い、第3章の「ナラティヴ・アプローチ」「オープン・ダイアローグ」の実践の中で示された「理解が問題や症状を解消する」という示唆は、心理支援専門職に「異常」や逸脱のとらえ方を問いかけている。疾患名を「異常」として、それを「正常」に直すために活用するならば、それは専門職の決めた「異常」という視点から「正常」という状態に戻す支援になるだろう。疾患名は「異常」と認識されている現象の呼び方であり、それは疾患名で呼ばれる状態を理解する手がかりにはなるが、治療の方向を決めるものではないと考える支援者は、「異常」を直す支援をしないだろう。

カウンセリングの中で問題とか症状、悩みという形で訴えられることをどう理解するか、「問題」「異常」とはどういうことなのかを考えるには、社会がどのような見地から「異常」とか「問題」をとらえているか、また、カウンセラーはどのような人間観、専門職の機能・役割観をもっているか、などが大きく影響する。いわゆる「障がい」とは、どのような状況、理由で起こるのか、などに関する理解を進めるための理論は多様であることも心得ておく必要がある。心理的な障がいとは何かをめぐる議論は継続していることに留意しておきたい。

（2）実践のための方法論と実践訓練

これは、専門用語で「介入（intervention）」と呼ばれる心理支援の方法論である。カウンセリングの理論には、クライエント理解の理論に基づいて問題や悩みを解決したり、パーソナリティの変容を支援したりする方法論が必要である。

第3章で述べたように、カウンセリングの諸理論では、問題の理解と支援の理論にそって技法が開発されている。たとえば、精神分析では、クライエントに自由連想をしてもらう方法や分析家がクライエントの夢を解釈する方法があったように、実践には技法の適切な活用の学習が必要となる。

そこで、心理学の基礎や諸理論の学習は、主として学部教育の四年間で行われ、実践的な技法トレーニングは大学院の二年間、あるいは学部卒業後の実務プログラムで行われる。六年の訓練期間の最後の二年間は、実習や実技指導による実践訓練が中心となる。その中には、カウンセリングの観察・模擬訓練などの実技指導と、カウンセリングの実習現場におけるスーパーヴィジョン（監督訓練）を受けながらの体験学習による訓練がある。専門職の実務を遂行するうえで不可欠なアセスメントと介入を統合し、適切に技法を活用するための訓練である。

① **技法訓練**

複数のアプローチの理論・技法の学習を基に、大学院では面接実践演習で現場実習の準備をする。面接の流れ、アセスメント、技法などについて事例論文や高名なカウンセラーのビデオを通して学習し、訓練生同士でカウンセラー役・クライエント役をとるロールプレイによって実技指導が行われる。「試行カウンセリング」と呼ばれる実習であり、その中で指導教授や専門職からテストの実施と解釈、面接の模擬訓練を受ける。カウンセリング実習の現場では、面接の受付や先輩カウンセラーの面接に陪席して先輩のカウンセリングを直に観察し、また、カウンセリング実践現場の運営や問題などについて学ぶ機会を得る。

② スーパーヴィジョン（監督訓練）

カウンセラー・トレーニングの方法で、もっとも重要ともいえる訓練は、実際にカウンセリングを行ったケースについてスーパーヴィジョン（supervision＝監督訓練）を受けることである。これは、自分が行ったカウンセリングを心理専門職の先輩スーパーヴァイザー（supervisor＝監督訓練者）から指導を受けることで、その方法は数種類ある。たとえば、面接場面の録音を聞きながら、具体的な面接場面のやりとり、クライエントとの関係、アセスメントと介入などの指導を受ける。また、面接中のクライエントについて、訓練生の疑問や困っていること、気づかない問題などについて、指導を受けるなどである。

スーパーヴィジョンの目的は、心理支援の実践力を具体的ケースにそって、カウンセリングのスキル、ケース全体の理解、その場における専門職の役割・機能、情緒的気づき、自己評価などを実際的にふり返り、実践力を高めることであり、訓練生一人ひとりへの言わばオーダーメイドの専門的支援である。スーパーヴィジョンで訓練生は、個別のケースについて実践現場で起こるさまざまな出来事について、立ち止まり、検討し、改善や修正を学ぶことになるために、カウンセラーの専門性の成長には不可欠な指導・訓練となる。

スーパーヴィジョンの具体的内容について、ここでは詳しく述べないが、実際の面接場面やクライエントとの関係のとり方などを通じて、自分では気づかなかった盲点や弱点などがはっきり自覚されたり、あるタイプのクライエントに対して独特の感情（嫌悪とか不安など）をもちやすいことや自分の面接のくせ、気づかぬ領域などがわかったりする。具体的な場面の検討なしには発見できない無意識の問題を意識化するチャンスにもなる。特に、自分が困っているクライエントの問題について指導を受けることは、新しいクライエントを受けもつにあたっても不安が減少し、逆に、難しいケースにもチャレンジし、取り組むことが可能になる。

スーパーヴァイザーが、面接場面を隣室からマジックミラーを通して見て指導する方法や、同席して指導する方法などもあり、この方法であれば初心者でもかなり早くから実践訓練が受けやすい。

スーパーヴァイザーの役割は、その理論的背景などによって異なるが、主にケースについての理論的・知的な指導のほかに、スーパーヴァイジー（supervisee = 被訓練者）の資質の向上、人間的成長、カウンセラーとしての技量の向上などについて助言・指導を行うことになる。その役割には、資格をもたない訓練中のカウンセラーのクライエントに対しては、カウンセリングの代理責任をもつことが含まれる。そのことは訓練を受けているカウンセラーはもとより、クライエントにも知らせる必要があり、カウンセリングと訓練が同時進行で行われている。

スーパーヴィジョンという訓練でとりわけ留意すべきことは、その場は評価する側と評価される側、いわば力の差がある関係の場だということである。スーパーヴァイザーには、評価・指導を受ける未熟な被訓練者の不安や悩みを受容し、共に考えていこうとする姿勢と態度が必要である。カウンセリングで、カウンセラーとクライエントの信頼関係の確立が重要であるように、スーパーヴィジョン関係の確立が不可欠である。とりわけ初心者のスーパーヴィジョンでは、スーパーヴァイザーは専門職の門番役（専門職の世界に入ってもよいかどうかの判断をする人）としての機能も果たすので、スーパーヴァイザーはその訓練を受けた人であることが求められる。

スーパーヴィジョンの方法としては、一対一の個人的なもののほかに、グループで行うグループ・スーパーヴィジョンもある。これは、数人がグループでスーパーヴィジョンを受けることで、スーパーヴァイザーと訓練を受ける者との相互のやりとりのほかに、グループ・メンバーの相互のやりとりも含めた訓練が受けられるという利点がある。特に、仲間のカウンセラーの面接を聞くことで、各自が新たな表現や視点・態度などを知り、自己をふり返るチャンスにもなる。また、異なった問題や悩みの多くのケースにふれ、さらに多くの人の考え方やあり方に接することができるのも、個人スーパーヴィジョンでは得られない経験である。

いずれにしても、スーパーヴィジョンは、カウンセラーの実践的側面を訓練するうえでは欠くことのできない訓練方法であり、加えて、医師の訓練で行われるインターンのような実務経験を重ねるならば、現場に向かおうとするカウンセラーとしては、かなりの実務経験の準備ができることになるだろう。

（3）カウンセラーの自己訓練

第三の柱であるカウンセラーの自己訓練には、自己理解を深めることと多様な場で自己の活用を試みることがある。それは、①教育分析、②グループ体験である。

① 教育分析

「教育分析」ということばそのものは、精神分析の訓練の中で使われているもので、分析家になるために被訓練者が受ける精神分析のことをいう。わかりやすく言えば、訓練生が受けるカウンセリングである。精神分析家になるためには、自分自身が精神分析を受けることによって自己理解を深め、日常的には問題になっていないが、将来問題となる可能性のある生育歴や家族歴などの問題を、できれば、前もって解決しておこうとするものである。

他者の心の悩みや複雑な人間関係のトラブルなどの解決を支援するには、自分自身が問題を抱えていては、冷静に、客観的に取り組むことは難しい。もちろん、人は、誰しも問題や悩みから自由ではないし、何の悩みもない人はいない。ただ、自分の抱える問題やくせ・弱点などを知り、そのうえで他者とかかわる人と、気づかぬまま無意識に害を及ぼして、援《たす》けをしているつもりになっている人とは支援に違いが出てくるだろう。完全でない人間ができることは、自分を深く知り、その自分を自らも支えながら支援に活用していくことであろう。

ときに、自分も以前、悩んだことがあるとか、似たような問題にぶつかって解決した体験があるということで、その体験を基に他者の支援に役立てたいというカウンセラー志願者がいる。問題を解決したという意味では、カウンセリングを経たと同じような体験をしたことになるが、それだけでは不十分である。うつ病にかかって、そのことを基にして精神衛生運動を始めたビアーズの例でも述べたが、同じ悩みをもった人を理解することは、もった経験がない人よりも相手を心の内側から理解することができる可能性は高いだろう。ただ、問題はそれほど簡単ではない。たとえば、離婚問題のカウンセリングは離婚経験があったほうがよいとか、子育てに苦労したカウンセラーのほうが子どもに問題をもつ母親には適しているということはない。カウンセラーは何でも体験している必要はないのと同様に、ある体験をしたカウンセラーがかえって自己流に相手を理解し、不適切な支援をすることもあり得る。

カウンセラーの支援の本質は、体験の種類ではなく、むしろ、自分自身の成長や問題解決を吟味する体験を通して、人間の問題の意味や解決のプロセスを知ることにある。さらに大切なことは、その体験のプロセスや問題の意味は、人によって異なることを、身をもって体験することにあるだろう。

次に述べるグループ体験もプロセスの中で個別性を知るという意味では同じである。

② グループ体験

カウンセラー志願者の自己理解を助けるトレーニングには、第3章のグループ・アプローチで取り上げた小グループ体験がある。これはエンカウンター・グループ（出会いのグループ）と呼ばれることもあるが、一〇人内外の人たちが集まり、最低八時間、多いときは一週間ほど小グループによる話し合いを行うものである。この話し合いの共通点は、いずれも、あらかじめ決まったテーマも話題もないグループ活動だということである。ファシリテーターと呼ばれるグループ・プロセスの促進者のもとで、参加者は、互いを知り合い、かかわり合う中で、より率直に感じていることや考えを述べ合うことができるようになる。それは、自分自身と他者をより深く理解し、自他のありのままの姿を受け入れていくプロセスの体験となり、日常をありのままの自分で生きることにつながる。

小グループによるこの話し合いの目的は、その場の人と人との生きた関係の中で、自分自身が相手にどんなふうに見られているか、相手にどんな影響を与えているかを知ると同時に、相手に自分自身をより深く知ってもらうことを試みることである。そうした安全でオープンなメンバー同士のかかわりの中で、一人ひとりは自分の欲求・感情・価値観・行動パターンなどに気づいていく。それは、一人で自己理解を深めようとするよりもはるかに啓発的であり、違いを受け入れながらかかわり合う体験ともなる。ロジャーズのカウンセラーに必要な第二の条件である「ジェニュイネス＝あるがまま」は、この体験から培われていく。

小グループの中で起こることを、「心の四つの窓」を用いて説明してみよう。

＊

図7は、この理論を考案した二人の名前（ジョーとハリー）を合成して「ジョハリの窓」とも呼ばれている。人は、この四つの窓を通して人々とつき合っており、対人関係の中の自己を理解するための手がかりにもなる。中央から出ている縦線の左の部分を自分が自分を知っている部分、右の部分を自分が知らない部分とし、左側の中央から出ている横線の上と下を、他者が自分を知っている部分と知らない部分とすると、Aは、自分が知っていて他者も知っている領域、Bは、自分は知らないが他者に知られている領域、Cは、自分は知っているけれども他者が知らない領域、Dは、自分も他者も知らない領域、ということになる。

Aの自分も他者も知っている領域は、たとえば、背が低い人が、そのことを自分は知っているし、他の誰が見てもわかっているというようなことであるため、この部分は、互いに知り合っている開放された領域であって、自由に行動できる領域でもある。誰かに「あなたは背が低いですね」と言われても、「ええ、そうなんですよ」となる。このように開放され、共有できる領域が多ければ、互いの関係の自由度が高い。

ところが、Bのような領域もある。自分が知らずに、相手が知っている部分である。筆者は話をするとき、手をよく動かすくせがある。大学で教えるようになって、学生に「先生は講義のときよく手を動かしますね」と言われるまで、自分では気づかなかった。言われてみると、

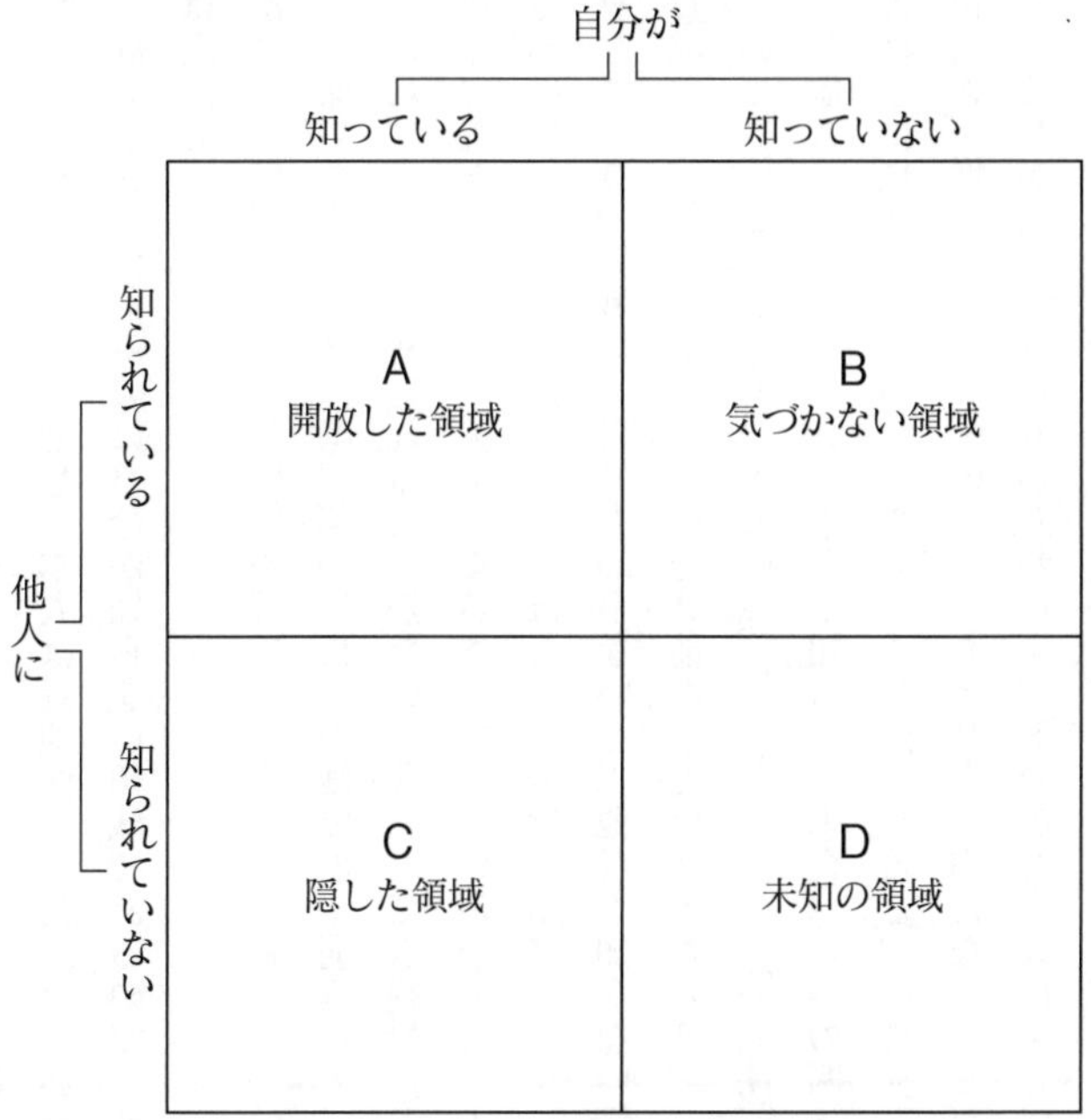

自分が
知っている
知っていない
他人に
知られている
知られていない
A
開放した領域
B
気づかない領域
C
隠した領域
D
未知の領域

図7　心の四つの窓 I

確かに手をよく動かしながら話をしている。また、たとえば、誰もが心の中で「あの人は意地悪だ」と思っているけれども、本人は意地悪だと気づいていないということもある。Bの領域は、周囲が知っているのに自分が知らない領域であるので、他者に教えてもらうことで自己理解は広がる。

次に、Cの領域は、自分は知っているが相手には知られていない領域である。つまり隠している側面である。たとえば、秘《ひそ》かに自分の嫌な面や弱みなど、他者の前では決して見せまいとしていれば、それは知られることがない。悲しくても絶対に涙を流さないとか、くよくよ考えているにもかかわらず、強気な振る舞いをしているなどは、人に知られたくない領域を隠しているわけで、それが多ければ多いほど、自分は自由に動けないだろう。

そして、Dの領域は、自分も知らないし、他者も知らない側面である。それは未知の領域で、無意識や抑圧された部分、隠れた才能などといえるだろう。

このように見てくると、人間関係にはBとCの領域が問題になるだろう。「あの人は神経質だ」と他者だけが言っていて本人が知らない場合、互いの関係は不自由である。しかし、人から神経質に見えると言ってもらい、それがわかると、その人との間柄では、お互いに知り合える領域Aが増えるので、その分、やりとりも自由になる。また、自分はくよくよしがちだということはわかっているにもかかわらず、そのことを人に決して見せまいとすると不自由だが、そのことを相手に話せば、その人の前ではくよくよしても大丈夫だということになる。互いに知っている領域が広くなればなるほど、楽になるだろう。

＊

Bの領域をAの領域に入れるためには、他者が知っている領域を教えてもらって、自分の知らない領域に組み込むことである。そのためには、他者が気づいたり感じたりしたことを伝えてもらうことが役立つ。他者が気づいていることを本人に伝えてみることをフィード・バックというが、先の「先生はよく手を動かしますね」と言われたことがそれにあたる。「あなたはこんなふうに見える」と言われることによって、自己理解が深まり、共有する部分が増える。それがより自由なやり取りにつながるのである。

フィード・バックは、逆に、自分が気づいていることを相手に返してみることでもある。グループの中では、そのようなやり取りが、多くの人に対して互いになされるので、相互理解が広がり、グループの関係性がより自由になる。

さらに自由な領域を広げるには、もう一つの作業が必要である。それは、自分は知っていて相手が知らないCの領域を自ら開放することである。それは、自分が他者に隠している部分をオープンにし、語ること、つまり自己開示をすることである。

＊

教育分析や小グループの話し合いは、実はこのような作業も行っている。人からいろいろなことを伝えてもらうと同時に、自分はこうであるということを正直に伝えてみる。自由な領域

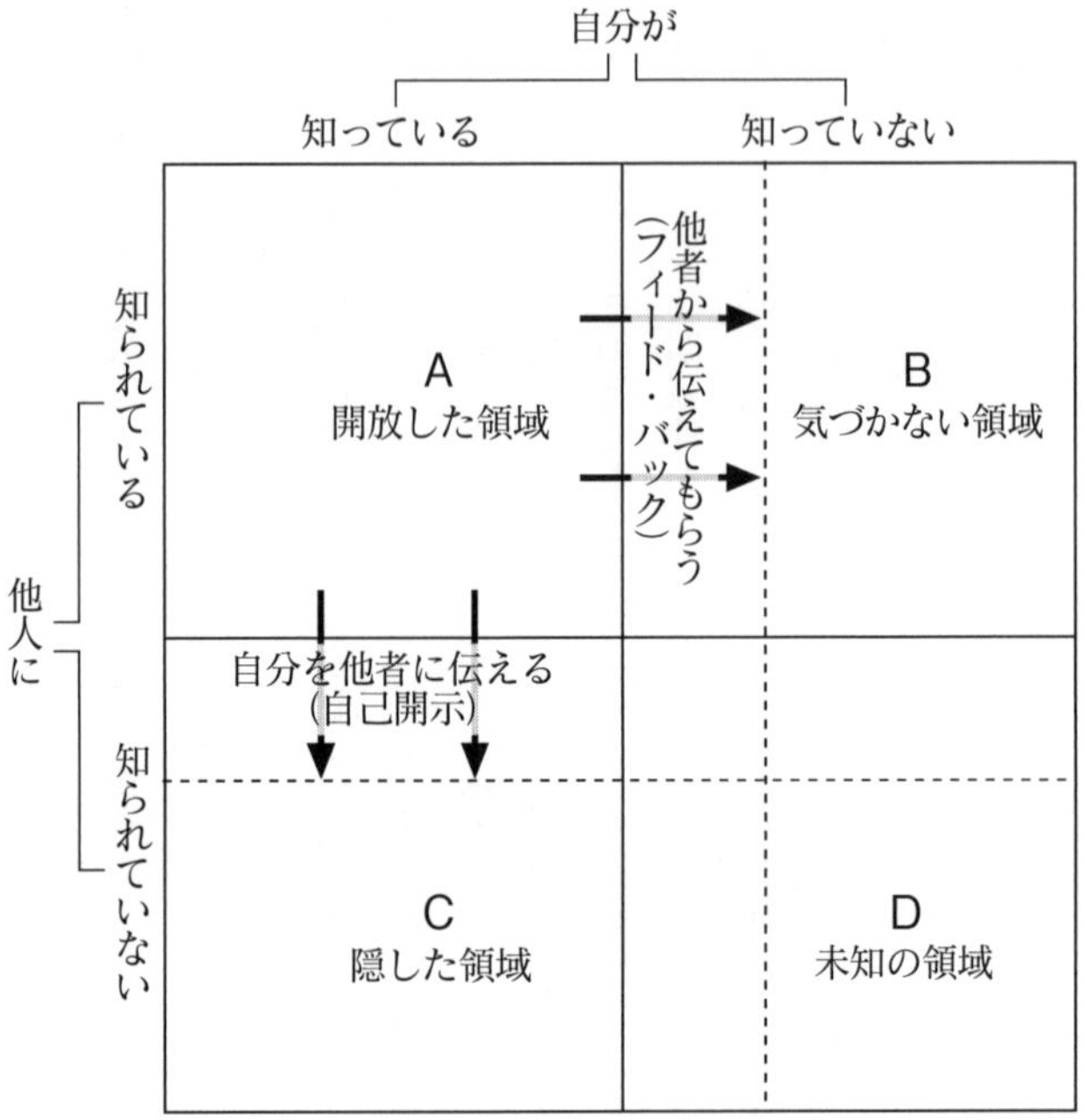
自分が
知っている
知っていない
他人に
知られている
知られていない
A
開放した領域
B
気づかない領域
C
隠した領域
D
未知の領域
他者から伝えてもらう
(フィード・バック)
自分を他者に伝える
(自己開示)

図8 心の四つの窓Ⅱ

を広げながら、ありのままの自分を知り、他者からも受け入れられていく体験ができる。加えて、自由な領域が広がっていくと、非常に興味深いことが起こる。図8のようにAの領域の広がりは、Dの領域にもおよび、未知の領域が小さくなっていくのである。つまり、他者と協力し合うことで、無意識や抑圧された領域が解放され、徐々にわかっていく。これは精神分析でいう無意識の「意識化」であり、自由の中では新たな気づきが芽生えていくということだろう。

カウンセリングでは、このようなことがしばしば起こる。共感と受容的な関係の中で、クライエントがありのままの自分を語り、カウンセラーに開放した領域でのかかわりが広がるにつれて、自己理解が進み、その自分を体験することで、「この自分でいいのではないか。こういうふうに、私なりに生きてみよう」という気持ちになる。そうすると、今まで見えなかった自分が見えてきて、意識下にあった部分も自由に解放される。カウンセリングにおける自己発見とは、そのようなプロセスの中で起こることだと考えてもよい。

カウンセラーになるには、理論と技法を習得する必要があるが、最終的には、カウンセラーは自分を知り、自分にふさわしい支援の方法を身につけ、その自分をフルに活用することである。その意味で「自分は○○派のカウンセリングをしている」とは言えないかもしれない。自分自身という流派のカウンセラー以外にはなれないのであり、自分らしいカウンセラーに自分が育つための訓練が重要になる。カウンセラーになるとは、「カウンセラーまがい」にならないことであり、訓練は、本物のカウンセラーになる道を歩み続けるためのものである。最終的な課題は、クライエントを支援をしながら自分というカウンセラーをどう育てるかになる。

カウンセラーとは、一人として同じでないクライエントを支援するために、たゆまず自己研鑽と自己成長を続けている高度専門職であることがわかるだろう。

＊

日本のカウンセラー、心理支援専門職は、今述べたような汎用性《はんようせい》のある訓練を受けて「臨床心理士」あるいは「公認心理師」という名称の資格を取って、医療、福祉、教育、司法、産業の領域で心理支援を行っている。

「臨床心理士」は、公益財団法人日本臨床心理士資格認定協会が、一九八八年から認定してきた心理専門職の資格であり、協会が指定する大学院修士課程で、協会が定める訓練を修了していることが受験の条件である。

「公認心理師」は、二〇一五年に国家資格化され、最初の資格取得者が二〇一八年に誕生した。受験資格は心理学専攻の学部卒業後、二年間の大学院修士課程修了、または規定の実務経験があることで、臨床心理士の中にはこの資格の取得者も多い。

そこで次に、三十年を超える心理専門職の訓練と資格認定を担ってきた「臨床心理士」と、日本の心理専門職の公的資格である「公認心理師」の受験資格と実践現場での職務について簡単に紹介し、訓練と資格、業務のつながりを理解することにしたい。

2　臨床心理士の資格

日本の臨床心理士は国家資格ではなく公益財団法人日本臨床心理士資格認定協会（以下、本章では「協会」と略す）が認定する民間の資格であるが、「協会」は日本における臨床心理学をはじめとする各種心理支援にかかわる学会により設立されており、いわば、学会が認める養成・訓練機関である。「協会」はその規程に従って資格試験と認定を行っている。「協会」は、一九八八年に臨床心理士を認定して以来、三十年以上にわたり臨床心理士の養成・訓練・資格認定にかかわり、精神科の医師や医療現場の心理職、大学の臨床心理学の教員、スクール・カウンセラー、教育相談所・大学の学生相談室のカウンセラー、職場のカウンセラーなどが働く職場で、必要な資格として認められ、日本の心理支援専門領域を支えてきた。

「協会」が定める臨床心理士の受験資格は、臨床心理士養成指定大学院の前期課程を修了した者、医師、または同等の専攻の海外大学院修了者である。臨床心理士養成指定大学院とは、「協会」が定めた専門指導適格者（臨床心理士の有資格者など）がそろっていて、認定されたカリキュラムと心理臨床の実習施設での体系的な実習指導を受けることができる大学院である。これまで述べた養成・訓練は、指定大学院で行われている内容と方法であると理解してよい。

また、この資格の有効期限は取得後五年間であり、資格交付から五年ごとに資格更新手続きをすることが求められる。更新には、「協会」が定めた所定の心理臨床活動と研修成果が必要であり、その確認をもって資格の再交付が受けられる。

臨床心理士資格に関しての情報は次のホームページを参照されたい。

公益財団法人日本臨床心理士資格認定協会 http://fjcbcp.or.jp/

3　公認心理師の資格

公認心理師は、国内初めての心理職の国家資格であり、公認心理師法が二〇一五年に成立して二〇一七年に施行され、公認心理師試験は二〇一八年から実施されている。受験資格のある者は、①四年制大学で指定科目を履修し、大学院で指定科目を履修した者、②四年制大学で指定科目を履修し、二年間の実務経験がある者、③外国の大学で心理科目を履修し、外国の大学院で心理科目を履修した者、のいずれかである。

指定のカリキュラムが実施されている四年制大学の心理学専攻の学科や学部卒業者で、卒業後二年の実務経験とは、文部科学省・厚生労働省が定めた実務経験（プログラム）が実施されている①保健医療領域、②福祉領域、③教育領域、④司法・犯罪領域、⑤産業・労働領域の

「特定の施設」での経験である。同時に、これら五つの領域は、公認心理師の実践活動分野でもあり、公認心理師の資格はこの五つの分野で心理学的支援を行う汎用性のある資格となっている。

二〇二二年（本制度のもとで訓練を受けた学部卒業生が卒業する年）までの経過措置として、臨床心理士の資格をもっている者、あるいは臨床心理士資格取得見込み者には、公認心理師の受験資格が認められており、詳細な条件などが定められている。

公認心理師の受験資格や受験の詳細については、次のホームページを参照されたい。

一般財団法人日本心理研修センター　http://shinri-kenshu.jp/

このセンターは、文部科学大臣及び厚生労働大臣の指定を受けた指定試験機関・指定登録機関として，文部科学大臣及び厚生労働大臣に代わって公認心理師試験の実施及び登録の事務を行っている。

4　臨床心理士と公認心理師の共通点と違い

臨床心理士と公認心理師は五つの分野で心理学的支援を行う汎用性のある資格であり、その養成・訓練にはかなり共通点があることがわかる。資格取得者には、その資格にふさわしい業務を行うことが課せられる。ここでは、資格取得後の業務の面から、その共通点と違いを考えてみる。

臨床心理士の業務は、臨床心理士資格審査規程の一一条に四種の専門業務として記されている。要約すると次のとおりである。

一　臨床心理査定　面接や観察を行い、クライエントの状況を把握したうえで援助の方針などを決定する
二　臨床心理面接　心理査定の結果に基づいて、カウンセリングおよび心理療法を行う
三　臨床心理的地域援助　クライエントだけでなく、周囲の環境（学校・家庭・職場など）にも働きかけて援助を行う
四　上記三つに関する調査と研究、心の問題への援助を行っていくうえで、知識や技術を高めるための調査や研究を行う

一方、公認心理師に求められる役割・業務は次のとおりである。

一　心理に関する支援を要する者の心理状態を観察し、その結果を分析すること

二　心理に関する支援を要する者に対し、その心理に関する相談に応じ、助言、指導その他の援助を行うこと

三　心理に関する支援を要する者の関係者に対し、その相談に応じ、助言、指導その他の援助を行うこと

四　心の健康に関する知識の普及を図るための教育及び情報の提供を行うこと

両資格の一はアセスメント、二は介入、三は、臨床心理士の場合はクライエントを取り巻く地域援助活動、公認心理師の場合はクライエントの関係者に対する援助、四は、臨床心理士の場合は一、二、三の心の問題への援助を行ううえでの知識や技術を高めるための「研究・調査」、公認心理師の場合は、心の健康に関する知識の普及のための「教育及び情報の提供」である。

臨床心理士の一〜三と公認心理師の一〜四は類似の働きが述べられている。

ただ、あえて臨床心理士の業務「調査・研究」と公認心理師の「教育と情報提供」の違いに

注目すると、いずれも一〜三の実践から得られる知恵を、一方は調査・研究活動に、他方は教育・広報活動に活用することを奨励していると考えられ、臨床の知を活用する方向が異なると理解することもできる。

臨床心理士には臨床の知の探究、公認心理師には臨床の知の援用が求められているとすると、それは、米国の心理支援専門職の二種類の資格と重なる。

米国では、心理支援専門職は二種類あり、その受験資格が異なっている。サイコロジスト(psychologist)の名称がつく資格は心理学の博士号取得を意味し、米国の臨床心理士(クリニカル・サイコロジスト)、スクール・サイコロジストは心理臨床の実践のみならず、臨床家の教育・訓練、スーパーヴィジョンはもとより、臨床心理学の研究ができる心理学者であることを意味する。これに対し修士課程修了で受験できる心理支援専門職の資格はMFT(Marriage and Family Therapist＝夫婦家族セラピスト)と認定ソーシャルワーカーであり、必ずしも博士課程の訓練は必要とされない。

これは、心理支援専門職の役割・機能には、心理支援専門職にかかわるもの(養成・訓練や専門領域の研究など)と、支援を必要としているクライエントの支援にかかわるものがあることを示している。

*

日本のカウンセラー、あるいは心理支援専門職の養成は、欧米諸国と比べるとかなり遅れている。カウンセリングの先進国米国では一九四五年にコネチカット州で初めて「臨床心理士(clinical psychologist)」の公的資格が認定されて、一九七八年にはカナダと米国五〇州で臨床心理士の資格認定制度が完了している。カウンセラーの資格もそれぞれの州ごとに取得され与えられて、米国の場合は、資格試験は州ごとに行われる公的資格であるが、試験科目などに関しては関係学会が推奨する養成・訓練課程が基準になっている。日本における教員採用試験方式と似ている。英国は英国心理学会が臨床心理士を認定しており、それぞれの国によって訓練・認定方式は異なっている。

*

二〇一八年に公認心理師の国家試験が開始されて、臨床心理士の多くが公認心理師の資格も取得し、それぞれの領域で仕事を続けている。この二つの資格がどのように活用され、どのような機能を発揮していくかについては、今後の展開を待つことになるだろう。また、心理専門職の養成・訓練についても、業務についても、継続して検討されていくであろう。

第5章　心理専門職の職務と倫理

心理専門職は、これまで述べたような教育・訓練を受けて資格を取得し、資格に適正な職務を遂行する必要がある。そのために、それぞれの資格には、その職務を遂行するための規定が定められている。この章では、まず、国家資格である公認心理師法に定められた法律上の規定を簡単に紹介する。具体的職責を通して資格の意味を理解する参考にしてほしい。

また、心理専門職には、法的義務だけでなく、その高度な専門性がもつ特権に見合った責任と適切な言動が問われる。その責任と言動については、倫理規程、倫理綱領、行動規範などによって学会などの専門職団体から公表されている。また、それに違反した場合は、専門職の組織によって資格を剝奪されたり、除名されたりすることになる。この章の後半では、心理臨床専門職に求められる職業倫理から、代表的なものを取り上げて、心にかかわる専門職の倫理について考える。

1　公認心理師の役割・業務から

公認心理師の役割・業務については、第4章でも述べたように、公認心理師法の第二条で次のように定義されている。この役割・業務は第4章に記したものと同じであるが、再録する。

＊

公認心理師とは、公認心理師登録簿への登録を受け、公認心理師の名称を用いて、保健医療、福祉、教育その他の分野において、心理学に関する専門的知識及び技術をもって、次に掲げる行為を行うことを業とする者をいう。

一　心理に関する支援を要する者の心理状態を観察し、その結果を分析すること
二　心理に関する支援を要する者に対し、その心理に関する相談に応じ、助言、指導その他の援助を行うこと
三　心理に関する支援を要する者の関係者に対し、その相談に応じ、助言、指導その他の援助を行うこと
四　心の健康に関する知識の普及を図るための教育及び情報の提供を行うこと

さらに、公認心理師法には、次の法律上の義務が示されている。

〈信用失墜行為の禁止〉

第四十条　公認心理師は、公認心理師の信用を傷つけるような行為をしてはならない。

この条項は、公務員についての定めであり、公共の利益のための職務を遂行することを期待されている職として社会福祉士・介護福祉士・精神保健福祉士などに求められていることと共通である。公正な行為と生活態度が要求され、また、公務員としてのこの義務は、職務上の行為のみではなく、勤務時間外の私生活上の行為も含まれるとされている。

〈秘密保持義務〉

第四十一条　公認心理師は、正当な理由がなく、その業務に関して知り得た人の秘密を漏らしてはならない。公認心理師でなくなった後においても、同様とする。

この秘密保持の義務については、第四十六条に罰則があり、以下のようになっている。

第四十六条　第四十一条の規定に違反した者は、一年以下の懲役又は三十万円以下の罰金に処する。

2　前項の罰は、告訴がなければ公訴を提起することができない。

なお、秘密保持は職業倫理にもかかわる重要な義務であり、次節であらためて検討する。

〈連携等〉

第四十二条　公認心理師は、その業務を行うに当たっては、その担当する者に対し、保健医療、福祉、教育等が密接な連携の下で総合的かつ適切に提供されるよう、これらを提供する者その他の関係者等との連携を保たなければならない。

2　公認心理師は、その業務を行うに当たって心理に関する支援を要する者に当該支援に係る主治の医師があるときは、その指示を受けなければならない。

第四十二条の第1号に関する罰則はないが、第2号に違反した場合は、公認心理師の登録取り消しなどの対象となる。

〈資質向上の責務〉

第四十三条　公認心理師は、国民の心の健康を取り巻く環境の変化による業務の内容の変化に適応するため、第二条各号に掲げる行為に関する知識及び技能の向上に努めなければならない。

この条項は、いわば努力義務であり、罰則はない。

なお、これらの法的な義務と罰則は、公認心理師全般に示されているものであり、そのほかに公認心理師が従事する保健医療、福祉、教育、司法・犯罪、産業・労働の五分野には、各分野独自の職種と職域があり、その分野独自の法的義務と罰則があることを心得る必要がある。

2 カウンセラーの職業倫理

公認心理師には法的義務があるが、心理支援職は、人間の心に向き合い、人間性に直接にふれる特別な職業であり、そのような側面から、その実践にはその職独特の周到な行為とそうでない行為とを区別することが必要になる。臨床活動の仕事には、実践に必要な学習と訓練、資格試験と法的義務があれば十分ということではなく、心理専門職に共通した厳しい職業倫理に従って職務を遂行することが要求される。つまり、心理専門職には、法的義務以上の倫理的判断や言動が求められていることになる。

その内容は、一般市民の判断や法制度の監視にゆだねることは困難であるため、学会などの専門職団体が、自律的にその原則を定め、言動の適否を判断することになっている。

米国では、心理職の重要性から、一九五五年にアメリカ心理学会が心理職の倫理綱領を定めて、心理専門職はその職業倫理を遵守して業務にあたっている。日本でも、臨床心理士資格認定協会の倫理規程を始め、いくつかの学会や職能団体から倫理綱領が発表されている。ここでは、代表的な倫理項目を取り上げ、カウンセラーの実践の基盤となる倫理について確認することにしたい。

(1) 公的責任と自己の領域

高度心理専門職が自覚する必要がある職業倫理の第一は、最高のサーヴィスを行うための専門的な知識と技術の向上に努め続けることである。同時に、自分の能力以上の職務を引き受けないことでもある。訓練と経験を最高の水準に維持する努力をしながら、他方では、自分の能力の限界をよく知っていることである。たとえば、自分が解決できる能力以上の問題を抱えたクライエントにかかわることは、結果的には相手を援《たす》けるどころかより大きな問題を負わせることになるかもしれない。それは専門職のすることではない。

それはさらに、自分の領域以外の仕事はしないということにつながる。たとえば、カウンセラーは精神科医と共通部分がある支援をしているため、慣れてくると区別がつかなくなることがある。無意識に病名を告げたり、ほかの医者やカウンセラーを評価してクライエントを動揺させたり、ほかの医者やカウンセラーにかかっているクライエントを引き受けたりしてしまう。治療者を替えようとするクライエントの行動には、いい先生につきたいという気持ちだけではなく、カウンセラーとクライエントの関係について専門的判断が必要な事例も多々ある。カウンセラーの好意や親切心・配慮が、クライエントにとってはかえって仇《あだ》になることも含めて、自分が行う支援の意味を判断し、倫理的な行為であるかどうか検討する必要がある。

自分の能力の限界を超える支援を依頼されたり、自分のアプローチや志向性や性格に合わないクライエントに出会ったりした場合は、責任をもってほかの機関やカウンセラーに紹介する（専門用語ではリファーという）ことが専門職の職務である。

（2）クライエントの福祉

クライエントの福祉を保障する立場に関するものである。その中には、

① カウンセラーの選択、あるいはカウンセリングの継続や中止に関して、クライエントの自由を保障すること

② カウンセラーは、自分の家族や友人のカウンセリングは引き受けないこと
③ カウンセリングは、場所と時間、頻度を決めて行うこと

がある。

①に関しては、カウンセラーの公的責任とも関係があるが、カウンセリングは、あくまでもクライエントの支援のために行うのであって、カウンセラーのために行うのではない。当たり前のことのようであるが、それが見えなくなることがある。クライエントに去られたくない、自分の能力の限界を認めたくない、といった無意識の欲望が、いたずらに面接を引き延ばすことになる場合がある。カウンセラーは、つねに自己の心情に敏感であり、自分の権威におぼれないようにしなければならない。

②に関しては、冷静な判断力と細心の心くばりが必要なカウンセリングには、情実や安易さが入り込む可能性を避ける意味で重要である。その危険が高いのが家族と友人であることは言うまでもない。身近な人がカウンセリングを必要とするときは、必ずほかのカウンセラーに紹介する必要がある。

③については、カウンセラーもクライエントも、カウンセリングが単なる雑談ではなく、目的と制限のある作業のプロセスであることを確認するうえで重要なポイントである。たとえば、喫茶店でカウンセリングを行うとしよう。そこがクライエントの日常にとってどんな場である

かということは、カウンセラーとクライエントの関係に影響することになる。クライエントにとっては気が散るとか、リラックスしすぎるということになるかもしれない。カウンセラーを友人同様に勘違いしたり、お茶を飲むことが目的になったりしてしまうことも起こりうる。また、自宅に呼ぶということも、時として公私の区別がつかなくなる。実際、クライエントによっては、同じ相談所内でも、部屋が変わるだけで落ち着かないことも起こる。

また、カウンセリングでは、時間を守ることが重要である。たとえば個人カウンセリングの時間は、一般的に五〇分から一時間を一回とするが、それを延長したり短縮したりすることは、目的のある、制限内での作業にはふさわしくない。また面接の頻度についても、規準を設けておくことが必要である。緊急時などの例外はあるが、クライエントが来談したいときに自由に来談することは、目的をもった支援にはならない。頻度が決まっていないと、クライエントは、カウンセリングの目的にそわない欲求や都合で自由に来談するかもしれない。家に帰るのが嫌だから、今日はほかの遊びがしたいから、などの理由で予約を入れたり、キャンセルしたりすることになる。そのようなことは、時間と頻度を決めていても起こりうるのであり、それを放置するとすれば、それはカウンセラー自身の問題である。

（3）秘密保持

これは、すでに公認心理師の法的義務でも取り上げ、義務違反の罰則もあるほど重要な原則であることを述べた。「業務上知りえた情報や秘密については、漏らしてはいけない」ということであるが、いざ、実践の中でこの規定を適用しようとすると、それほど簡単ではない。

この原則は、たとえばカウンセリングの講義や著書などで、多くの専門職が取り上げる具体的なケースの内容説明や、自殺の危機を知ったカウンセラーが緊急事態に直面してどうするかといったことにかかわってくる。講義や著書で事例を紹介する場合は、「これは○○さんのことだ」とわかることのないようプライヴァシーを守り、クライエントの尊厳を侵さないことが原則になる。一方、自殺という生命の危機を前にして、プライヴァシーをどう守るか、簡単に答えが出ないことは多い。

そのために、この職業倫理には、例外となる状況が特記され、その例外には警告義務や保護義務が適用される。つまり、「自殺、他害など明確で差し迫った生命の危機がある場合」で、攻撃される相手が特定されている場合と、自殺などの自分自身に対して深刻な危害を加える恐れのある緊急事態で、犠牲となりうる人や危害の可能性を知らせることができる家族などに警告すること、警察に通報すること、また、その状況下で合理的に必要と判断される方法を実行することは、義務となっている。

それでもカウンセラーがこのような生命の危機や危険を知ったとき、誰に、どのように、何を警告したり、伝えたりするのか、慎重な判断と方法の検討が必要になる。一方、クライエントにとってプライヴァシーが保障されないと、もっとも重要なテーマをカウンセラーに開示しないこともありうる。

また、秘密保持の例外とされる状況には、専門職の勤務する相談室内のケース検討会やグループ・スーパーヴィジョン、学会の正規メンバーが出席して行われる事例発表、他職種との連携などの場合がある。その場合は、情報を提供する相手を限定することのほかに、必要な情報を限定し、クライエント本人にその理由、目的を伝え、同意を得る。もちろん、知らされた者には、秘密保持義務がある。

例外とされる状況のもう一つは、クライエント自身が他者への開示を許可する場合である。秘密保持義務がクライエントによって解かれる状況であるが、その場合でも、誰に、どのような目的で、どの情報を伝えてよいかを合意しておくことが重要である。

その他、プライヴァシー保護と危機への介入にかかわる問題はいくつかあるが、例からもわかるように、これらの問題に対応するには、細かい情報の取り扱いのルールづくりなど、一つひとつの状況に応じた綿密な検討が必要であり、カウンセラー訓練の重要な学習のテーマであると同時に、現場における具体的な対応の経験の積み重ねが必要である。

職業倫理としての秘密保持は、クライエントなど支援を求めている人が専門職に対して信頼を寄せていることがかかわっている。カウンセリングはクライエントの基本的人権を尊重し、個人の価値と尊厳への敬意に裏づけられた支援行為であることを確認したい。

(4) インフォームド・コンセント

インフォームド・コンセントとは、公認心理師やカウンセラーなどの支援の場で、支援者とクライエントが支援を進めるうえでの手続きである。支援者が支援にかかわる次に示す内容や情報について説明し、クライエントの理解と自由意思による同意を得ることをいう。これは支援にあたってクライエントの自己決定の権利を保障し、支援の方針や方法に関して積極的に参加していくことを奨励する意味もある。その内容は、①支援の内容・方法、②秘密保持、③費用と支払方法、④時間・場所・期間、⑤支援者の資格や受けた訓練、⑥記録の方法と期間などが含まれる。これらは、いわばカウンセリング契約ともいえる手続きであり、秘密保持を含むこの合意に支えられて心理支援は成り立っている。

*

以上、審理専門職の職務を健全に遂行するために、公認心理師の法的義務と専門職自らが職能団体として定めた職業倫理について述べた。

＊

カウンセリングは、クライエントにとって苦しみから迷いを経て、自分らしさを獲得していく自己発見の道程である。そしてカウンセラーは、クライエントの迷いの旅に同伴し、新しい道を共にさぐり、発見していく。その同伴者になる道は、限りなく遠く、深い。

参考文献（日本語で読める入門書・概説書）

ビアーズ，C. W.『わが魂にあうまで』 江畑敬介訳 星和書店 一九八〇年
クーパー，M.／マクレオッド，J.『心理臨床への多元的アプローチ――効果的なセラピーの目標・課題・方法』 末武康弘・清水幹夫監訳 岩崎学術出版 二〇一五年
カーウェン，B.／パーマー，S.／ルデル，P.『認知行動療法入門――短期療法の観点から』 下山晴彦監訳 金剛出版 二〇〇四年
エリス，A.／ハーパー，R. A.『論理療法――自己説得のサイコセラピィ』 国分康孝・伊藤順康訳 川島書店 一九八一年
フロイド，S.『フロイド選集・改訂版』 全一七巻 日本教文社 一九六九〜一九七四年
ガーゲン，K.『あなたへの社会構成主義』 東村知子訳 ナカニシヤ出版 二〇〇四年
後藤雅博『家族心理教育から地域精神保健福祉まで――システム・家族・コミュニティを診る』 金剛出版 二〇一二年
ハンセン，S.『キャリア開発と統合的ライフ・プランニング――不確実な今を生きる6つの重要課題』 平木典子他監訳 福村出版 二〇一三年
ヒル，C.『ヘルピング・スキル 第2版――探求・洞察・行動《アクション》のためのこころの援助法』

藤生英行監訳　岡本吉生・下村英雄・柿井俊昭訳　金子書房　二〇一四年
平木典子『カウンセリングとは何か』朝日選書　一九九七年
平木典子『カウンセリング・スキルを学ぶ』金剛出版　二〇〇三年
平木典子『臨床心理学をまなぶ4　統合的介入法』東京大学出版会　二〇一〇年
平木典子『家族面接のすすめ方』金剛出版　二〇二〇年（予定）
平木典子・藤田博康編『キーワードコレクション　カウンセリング心理学』新曜社　二〇一九年
平木典子・中釜洋子・藤田博康・野末武義『家族の心理 第2版――家族への理解を深めるために』サイエンス社　二〇一九年
平木典子他『マンガでやさしくわかるカウンセリング』日本能率協会マネジメントセンター　二〇二〇年
岩壁茂編著『カウンセリングテクニック入門』金剛出版　二〇一八年
河合隼雄『カウンセリングの実際問題』誠信書房　一九七〇年
コーチン,S・J・『現代臨床心理学――クリニックとコミュニティにおける介入の原理』村瀬孝雄監訳　弘文堂　一九八〇年
クルンボルツ,J・D・／ソールセン,C・E・『行動カウンセリング』沢田慶輔・中沢次郎訳編　誠信書房　一九七四年

マグレガー，D．『企業の人間的側面――統合と自己統制による経営』（新版 新訳版） 高橋達男訳 産能大学出版部 一九七〇年
マズロー，A．H．『改訂新版 人間性の心理学』 小口忠彦監訳 産業能率短期大学出版部 一九八七年
モーガン，A．『ナラティヴ・セラピーって、何？』 小森康永・上田牧子訳 金剛出版 二〇〇三年
日本家族研究・家族療法学会編『家族療法テキストブック』 金剛出版 二〇一三年
日本家族心理学研究会編『家族心理学ハンドブック』 金子書房 二〇一九年
パールズ，F．S．『ゲシュタルト療法』 倉戸ヨシヤ監訳 ナカニシヤ出版 一九九〇年
プロチャスカ，J．O．／ノークロス，J．C．『心理療法の諸システム 第6版』 津田彰・山崎久美子監訳 金子書房 二〇一〇年
ロイド，W．P．他『学生助育総論――大学における新しい学生厚生補導』 文部省大学学術局学生課編 一九五三年
ロージァズ，C．R．『ロージァズ全集』 全一八巻・別巻五巻 岩崎学術出版 一九六六～一九七七年
ロジャーズ，C．R．『カウンセリングと心理療法』 末武康弘・保坂亨・諸富祥彦訳 岩崎学術出版社 二〇〇五年

ロジャーズ，C・R・『クライアント中心療法』 保坂亨・末武康弘・諸富祥彦訳 岩崎学術出版社 二〇〇五年
ロジャーズ，C・R・『エンカウンター・グループ』 畠瀬稔・畠瀬直子訳 ダイヤモンド社 一九七三年
サビカス，M・L・『サビカス キャリア・カウンセリング理論――〈自己構成〉によるライフデザインアプローチ』 日本キャリア開発研究センター監訳 福村出版 二〇一五年
斎藤環著・訳『オープンダイアローグとは何か』 医学書院 二〇一五年
佐治守夫・飯長喜一郎編『新版 ロジャーズ クライエント中心療法――カウンセリングの核心を学ぶ』 有斐閣 二〇一一年
セグペン，C・H・／クレックレー，H・M・『私という他人』 川口正吉訳 講談社＋α文庫 一九九六年
シュルツ，D・『健康な人格――人間の可能性と七つのモデル』 上田吉一監訳 川島書店 一九八二年
詫摩武俊編著『性格の理論』第二版 誠信書房 一九七八年
山上敏子『方法としての行動療法』 金剛出版 二〇〇七年
山本和郎『コミュニティ心理学――地域臨床の理論と実践』 東京大学出版会 一九八六年
遊佐安一郎『家族療法入門――システムズ・アプローチの理論と実際』 星和書店 一九八四年

平木典子（ひらき・のりこ）
1936年中国東北部（旧満州）生まれ。1959年津田塾大学英文学科卒業。1964年ミネソタ大学大学院修了。
教育心理学修士。日本女子大学教授、跡見学園女子大学教授などを経て、現在IPI統合的心理療法研究所顧問。
著書に『カウンセリングとは何か』『アサーションの心』（ともに朝日選書）、『カウンセリングの心と技術』（金剛出版）、『アサーション・トレーニング』（日本・精神技術研究所、金子書房）など多数。

朝日選書 999

新・カウンセリングの話

2020年8月25日　第1刷発行

著者　平木典子

発行者　三宮博信

発行所　朝日新聞出版
〒104-8011　東京都中央区築地5-3-2
電話　03-5541-8832（編集）
03-5540-7793（販売）

印刷所　大日本印刷株式会社

ISBN978-4-02-263099-5
定価はカバーに表示してあります。

生きる力 森田正馬の15の提言
帚木蓬生《ははきぎほうせい》
西のフロイト、東の森田正馬。「森田療法」を読み解く

『枕草子』の歴史学
春は曙の謎を解く
五味文彦
なぜ「春は曙」で始まる？ 新たに見える古典の意外な事実

平安人の心で「源氏物語」を読む
山本淳子
平安ウワサ社会を知れば、物語がとびきり面白くなる！

アサーションの心
自分も相手も大切にするコミュニケーション
平木典子
アサーションを日本に広めた著者が語るその歴史と精神

long seller

飛鳥むかしむかし
飛鳥誕生編
奈良文化財研究所編／早川和子絵
なぜここに「日本国」は誕生したのか

飛鳥むかしむかし
国づくり編
奈良文化財研究所編／早川和子絵
「日本国」はどのように形づくられたのか

落語に花咲く仏教
宗教と芸能は共振する
釈徹宗
仏教と落語の深いつながりを古代から現代まで読み解く

易
本田濟《わたる》
古来中国人が未来を占い、処世を得た書を平易に解説